REVELADAS
NUEVA PERSPECTIVA PARA VISITAR LA
EXPOSICIÓN DEL **MUSEO DEL CARLISMO**

ARGITARATUAK
KARLISMOAREN MUSEOKO ERAKUSKETA
BISITATZEKO IKUSPUNTU BERRIA

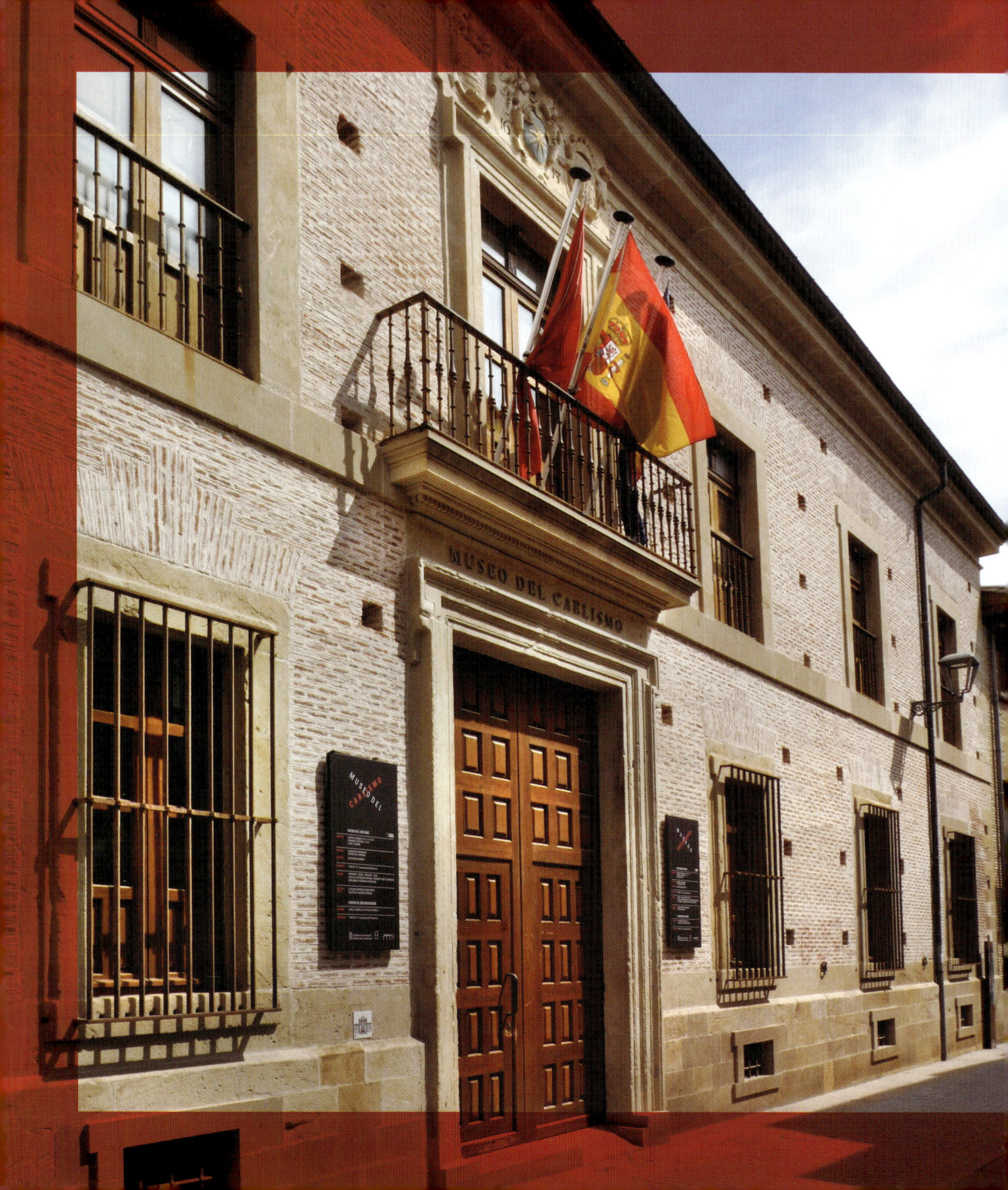

KARLISMOAREN
MUSEO DEL CARLISMO
MUSEOA

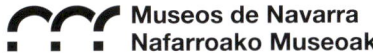
Museos de Navarra
Nafarroako Museoak

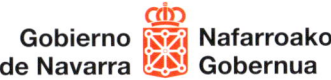 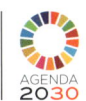
Gobierno de Navarra
Nafarroako Gobernua

AGENDA 2030

EDICIÓN / EDIZIOA

Gobierno de Navarra. Departamento de Cultura, Deporte y Turismo
Nafarroako Gobernua. Kultura, Kirol eta Turismoko Departamentua

COORDINACIÓN Y PRODUCCIÓN / KOORDINAZIOA ETA EKOIZPENA

Museo del Carlismo / Karlismoaren Museoa
Silvia Lizarraga Pérez de Zabalza
Iñaki Urricelqui Pacho

DIRECTORA DEL SERVICIO DE MUSEOS / MUSEOEN ZERBITZUKO ZUZENDARIA

Susana Irigaray Soto

SECCIÓN DE MUSEOS / MUSEOEN ATALA

Celia Martín Larumbe
Pilar del Valle de Lersundi Manso de Zúñiga

PRESENTACIÓN / AURKEZPENA

Celia Martín Larumbe

GUION Y TEXTOS / GIDOIA ETA TESTUAK

Silvia Lizarraga Pérez de Zabalza

PRODUCCIÓN AUDIOVISUAL / IKUS-ENTZUNEZKO EKOIZPENA

Asier Larrión Casas

DISEÑO GRÁFICO / DISENIU GRAFIKOA

José Miguel Parra

TRADUCCIÓN DE TEXTOS / TESTUEN ITZULPENA

Euskarabidea
Andrea Ganchegui Sorabilla

FOTOGRAFÍAS / ARGAZKIAK

Archivo Real y General de Navarra / Nafarroako Errege Artxibo Nagusia
Centro de Documentación del Museo del Carlismo / Karlismoaren Museoko Dokumentazio Zentroa
Fundación Mencos / Mencos Fundazioa
Colección de Íñigo Pérez de Rada Cavanilles / Iñigo Pérez de Rada Cavanilles bilduma
Colección de Javier Urcelay Alonso / Javier Urcelay Alonso bilduma
Colección de Pablo Larraz Andía / Pablo Larraz Andía bilduma

IMPRIME / INPRIMATZEA

Castuera Industrias Gráficas S.A.
ISBN 978-84-235-3696-2
DL NA 269-2024

ÍNDICE / AURKIBIDEA

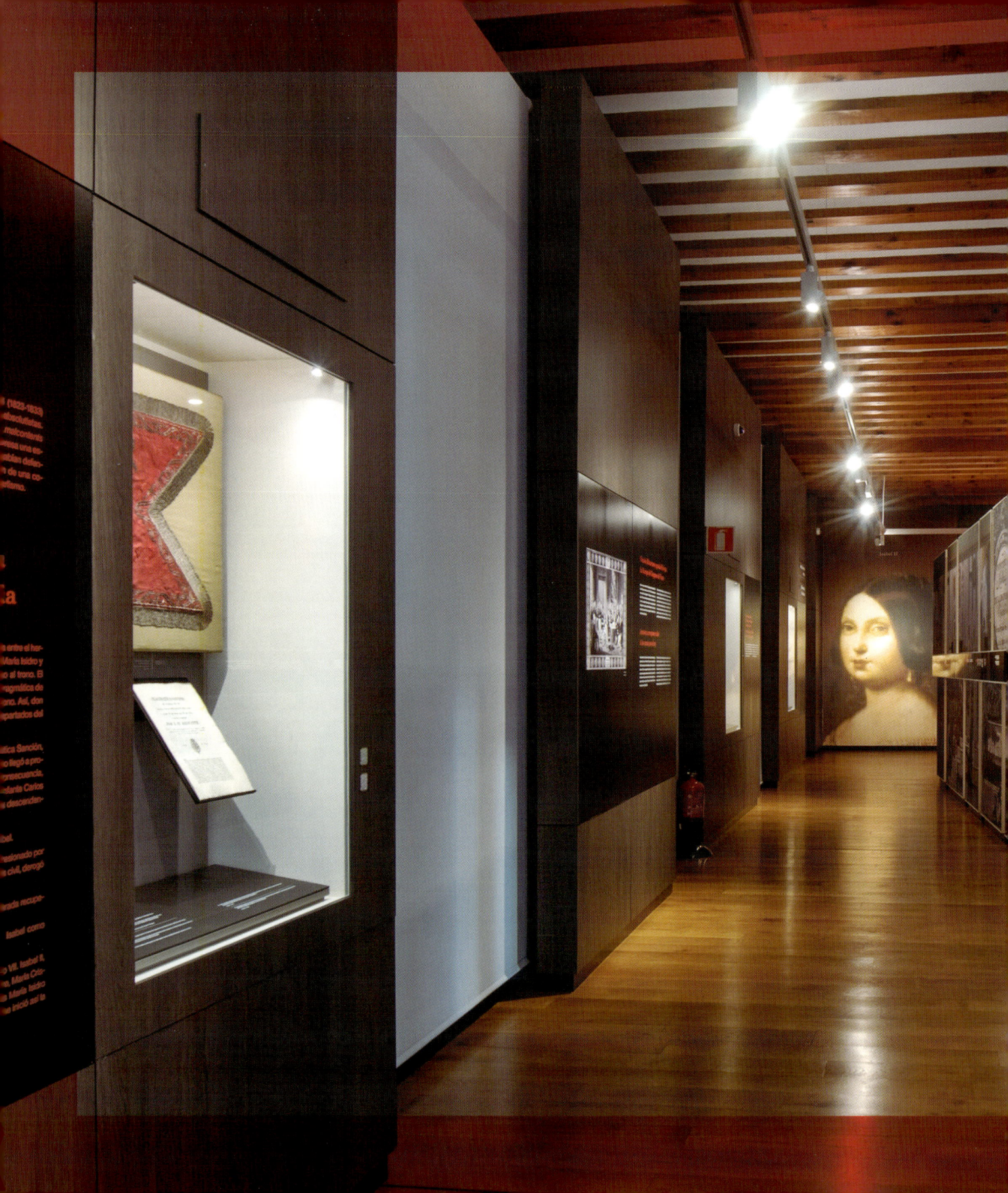

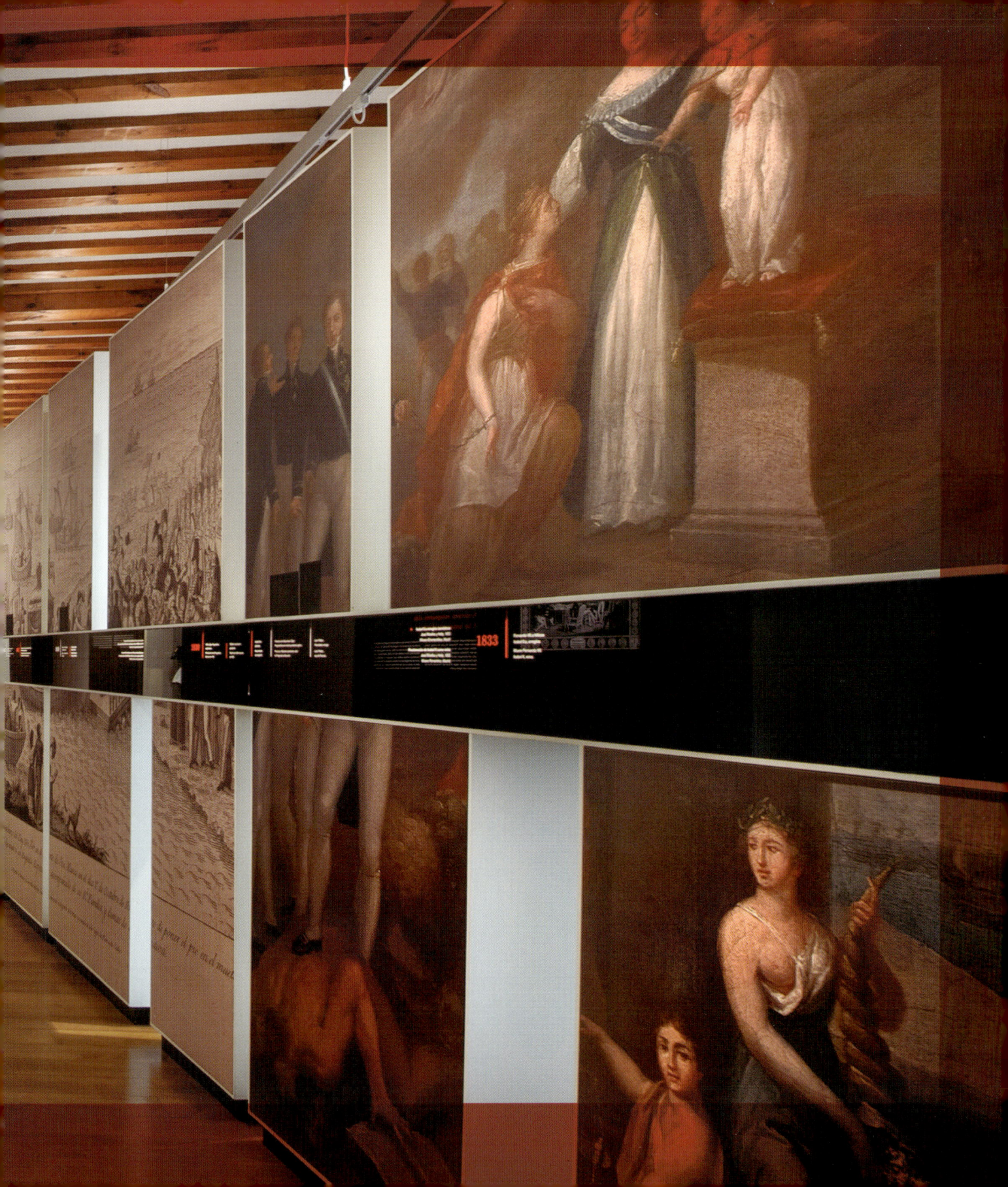

*" Las mujeres
que se portan bien
no pasan a la Historia "*

Eleonora Roosevelt

Esta frase atribuida a Eleonora Roosevelt expresa con precisión una de las formas de violencia estructural más potente que existe: la negación. No poder estar presente y ser relevante en la historia por construcción cultural según el sexo de una persona.

La historia sancionada tradicionalmente ha realizado un "borrado" sistemático de las mujeres y lo femenino en su aportación como sujetos históricos en mayúscula. No es el único caso de invisibilización, pero es el que nos ocupa.

El prejuicio fue tomando carta de naturaleza a lo largo del tiempo y, no aparecemos como agentes, protagonistas y partícipes de los procesos, acontecimientos y acciones históricas. Se ha ido transmitiendo una construcción del pasado que ha sustentado un imaginario en el que las mujeres, tanto a nivel individual como colectivo, somos subsidiarias o irrelevantes en la dinámica histórica. Sería esto tanto como decir que no hemos aportado nada relevante o reseñable en las comunidades a las que hemos pertenecido a lo largo del tiempo y el espacio. O sostener que las mujeres no han tenido conciencia propia o capacidad de acción por sí mismas, ni posibilidades marcadas por su condición sexual. Esa idea de un pasado en el que las mujeres, sus problemáticas específicas, sus luchas y aportaciones, no han sido significativas o importantes para la humanidad no se sostiene ante una mínima revisión crítica. Para impregnar el imaginario colectivo y la construcción cultural de generaciones con esa idea, hay que poner el foco en praxis metodológicas normalizadas que no han cuestionado los discursos excluyentes, sancionados como objetivos a lo largo de los siglos. También en una falta de análisis crítico de las fuentes mismas, o de consideración para su estudio de otras, no contempladas como dignas de interés, ni atención a la diversidad de ámbitos, colectivos y personas de las sociedades humanas. Reconocer los sesgos es fundamental para avanzar.

En el siglo XXI tenemos la oportunidad de buscar enfoques diversos, novedosos, para entender el mundo como lugar complejo, para resituarnos a nivel individual y colectivo. En ese contexto, la cultura será una herramienta que nos capacite para abordar la crisis sistémica en la que nos encontramos. Se despliega un nuevo paradigma cultural fruto de la globalización y la revolución tecnológica de la era digital, como estrategia capacitadora para todas las comunidades y personas. Sistematizar distintas perspectivas incluyentes en nuestras maneras de crear, investigar, educar, preservar y transmitir el legado cultural, con una articulación en dinámica de transformación desde metodologías críticas y autocríticas, es nuestra obligación desde las instituciones públicas. Para toda la ciudadanía, para todas las personas. En nuestro caso

como museo público que preserva un patrimonio cultural, con todas las comunidades patrimoniales heterogéneas.

Desde el Servicio de Museos de la Dirección General de Cultura-Institución Príncipe de Viana, trabajamos distintos programas y proyectos en los museos forales en cumplimiento del Plan de Igualdad de Gobierno de Navarra, de carácter transversal en el diseño y acciones de sus políticas públicas. El Museo del Carlismo, especializado en historia de este movimiento originado en el siglo XIX europeo, en esta dirección ofrece a la ciudadanía el itinerario "Mujeres y carlismo". Esta institución museística aporta este enfoque que completa y enriquece el conocimiento del carlismo en toda su complejidad y heterogeneidad. Este itinerario permite incorporar de manera sistemática, en la visita a la exposición permanente del Museo la presencia de las mujeres en el movimiento carlista. Los once ámbitos temáticos situados mediante un código QR a lo largo de los distintos espacios del recorrido integran con rigor en el discurso expositivo, cuestiones como: el papel de las mujeres como creadoras y transmisoras del legado cultural material e inmaterial del carlismo, problemáticas específicas de las mujeres en el contexto bélico, socioeconómico y jurídico del siglo XIX español, figuras femeninas del carlismo determinantes en cuestiones relativas a la sucesión y, en la conceptualización de la doble legitimidad en esta ideología política, las reinas consortes como agentes históricas determinantes en distintos procesos de los siglos XIX y XX, e importantes en la evolución del carlismo y en acontecimientos concretos, la acción política y pública de las mujeres carlistas en el siglo XX o el feminismo cristiano desarrollado por intelectuales carlistas durante la segunda ola del movimiento feminista.

Esta aportación se nutre de distintos trabajos de investigación sobre historia del carlismo, metodología de investigación crítica, educación patrimonial dentro del Plan Nacional de Educación Patrimonial, llevados a cabo por el equipo de Servicio de Museos en colaboración con el asesoramiento de personas externas investigadoras y expertas especialistas de estos ámbitos.

Esta propuesta de visita está destinada a evolucionar e ir enriqueciéndose (y corrigiéndose) con futuras aportaciones.

Invitamos a quienes nos visitan a apropiarse de este legado cultural con sus propuestas, opiniones, reflexiones y aportaciones. El presente construye el futuro.

Celia Martín Larumbe

"Ongi portatzen diren emakumeak ez dira historiara igarotzen"

Eleonora Roosevelt

Eleonora Roosevelti egozten zaion esaldi horrek zehatz-mehatz adierazten du existitzen den egiturazko indarkeria motetako bat: ukazioa. Eraikuntza kultural batengatik, pertsona baten sexuaren arabera ezinezkoa izatea historian presente egotea eta garrantzitsua izatea.

Historia zigortuak emakumeek eta femeninoa den orok subjektu historiko garrantzitsu gisa egindako ekarpenaren "ezabaketa" sistematikoa egin du tradizioan. Ez da ikusezin bihurtu diren kasu bakarra, baina bai aztergai duguna.

Denborarekin aurreiritziak izaeraren kutsua hartu zuen, eta ez gara prozesu, gertaera eta ekintza historikoen eragile, protagonista ez partaide gisa agertzen. Iraganaren eraikuntza jakin bat transmititu da, emakumeok, banaka zein taldean, dinamika historikoan subsidiarioak edo garrantzirik gabekoak garenaren iruditeria elikatu duena. Hori denboran eta espazioan partaide izan garen komunitateetan garrantzitsua edo azpimarratzeko modukoa den ekarpenik egin ez dugula esatearen parekoa litzateke. Edo baieztatzea emakumeek ez dutela kontzientzia propiorik edo ekintzarako gaitasunik izan, ez haien sexu-izaerak markatutako aukerarik ere. Iraganeko ideia hori zeinaren arabera emakumeak, beren arazo espezifikoak, borrokak eta ekarpenak ez diren gizadiarentzat esanguratsuak edo garrantzitsuak izan ez da sostengatzen azterketa kritiko minimo bat eginez gero. Ideia horrek belaunaldien iruditeria kolektiboa eta eraikuntza kulturala blaituko badu, normalizatutako praxi metodologikoei erreparatu behar zaie, ez baitituzte diskurtso baztertzaileak zalantzan jarri, mendeetan jomuga gisa zigortuak. Bai eta iturrien azterketa kritikorik ez egitea ere, edo aztertzeko beste iturri batzuk aintzat ez hartzea, interesekoak ez direla jotzeagatik, eta gizarteko esparru, kolektibo eta pertsonen aniztasuna aintzat ez hartzea. Isuriak ezagutzea funtsezkoa da aurrera egiteko.

XXI. mendean aukera dugu askotariko ikuspegiak, berritzaileak, bilatzeko, eta horrela mundua leku konplexu gisa ulertzeko, maila indibidualean zein kolektiboan birkokatzeko. Testuinguru horretan, kultura izango da egungo krisi sistemikoari aurre egiteko gaitasuna emango digun tresna. Globalizazioaren eta aro digitalaren iraultza teknologikoaren ondorioz, kultur paradigma berri bat hedatu da, komunitate eta pertsona guztiak gaitzeko estrategia gisa. Gure kultura-ondarea sortzeko, ikertzeko, hezteko, zaintzeko eta transmititzeko moduetan ikuspegi barneratzaileak sistematizatzea, metodologia kritikoetatik eta autokritikoetatik eraldatzeko dinamikan artikulatuz, erakunde publikoon betebeharra da. Herritar guztientzat, pertsona guztientzat. Gure kasuan, kultura-ondare bat gordetzen duen museo publiko gisa, ondare-komunitate heterogeneo guztiekin.

Kulturako Zuzendaritza Nagusia-Vianako Printzea erakundeko Museoen Zerbitzuak askotariko programa eta proiektuak lantzen ditu Nafarroako museoetan, Nafarroako Gobernuaren Berdintasun Plana betetze aldera. Plan hori zeharkakoa da politika publikoen diseinuari eta ekintzei dagokienean. Karlismoaren Museoa XIX. mendean Europan sortutako mugimendu horren historian espezializatua dago, eta ildo horretan "Emakumeak eta Karlismoa" ibilbidea eskaintzen die herritarrei. Museo-erakunde horrek karlismoari buruzko ezagutza osatzen eta aberasten duen ikuspegia eskaintzen du, haren konplexutasun eta heterogeneotasun guztia kontuan hartuta. Ibilbide horren bitartez, emakumeek mugimendu karlistan izandako presentzia sistematikoki txerta daiteke museoko erakusketa iraunkorrerako bisitan. Ibilbideko espazioetan zehar QR kode baten bidez kokatutako 11 eremu tematikoek honako gai hauek zorroztasunez integratzen dituzte erakusketaren harian: emakumeek karlismoaren ondare kultural material eta immaterialaren sortzaile eta transmisore gisa izandako zeregina, emakumeek Espainiako XIX. mendeko testuinguru beliko, sozioekonomiko eta juridikoan izandako arazo espezifikoak, ondorengotzarekin lotutako gaietan erabakigarriak izan ziren karlismoaren figura femeninoak, eta, ideologia politiko horretako legitimitate bikoitzaren kontzeptualizazioan, erregina ezkontideak eragile historiko erabakigarri gisa XIX. mendeko eta XX. mendeko hainbat prozesutan, eta garrantzitsuak karlismoaren bilakaeran eta gertakari jakin batzuetan, emakume karlisten ekintza politiko eta publikoa XX. mendean, edo intelektual karlistek mugimendu feministaren bigarren olatuan garatutako feminismo kristaua.

Ekarpen hori karlismoaren historiari, ikerketa kritikoko metodologiari eta ondare-hezikerari buruzko hainbat ikerlanek osatzen dute, Ondare Hezikerako Plan Nazionalaren barruan. Museoen Zerbitzuko lantaldeak egiten ditu ikerketa horiek, arlo horietako kanpoko ikertzaile eta aditu espezialisten aholkularitzaren laguntzarekin.

Bisita-proposamen hau etorkizuneko ekarpenekin eboluzionatzera eta pixkanaka aberastera (eta zuzentzera) deitua dago.

Bisitatzen gaituztenak beren proposamen, iritzi, gogoeta eta ekarpenekin ondare kultural beren egitera gonbidatzen ditugu. Orainak eraikitzen du etorkizuna.

Celia Martín Larumbe

Creación y transmisión de patrimonio cultural

El Museo del Carlismo es una institución cultural perteneciente al Gobierno de Navarra cuyo fin es dar a conocer la historia del carlismo, un movimiento contrarrevolucionario nacido en el primer tercio del siglo XIX que tiene como peculiaridad su longevidad y la adaptabilidad ideológica. En la actualidad está representado por formaciones con diferentes convicciones políticas como el Partido Carlista, la Comunión Tradicionalista y la Comunión Tradicionalista Carlista.

El recorrido expositivo del museo contempla casi dos siglos de historia de este movimiento y se centra en sus principales hitos, conflictos bélicos y evolución ideológica. Este itinerario propuesto a través de códigos QR narra la historia carlista desde una perspectiva diferente. Vamos a hablar de mujeres y carlismo.

Pero antes de iniciar este itinerario por la historia, queremos mostrar la presencia de la mujer en nuestras salas.

Si han visitado anteriormente el Museo o lo hacen por primera vez, es muy posible que no hayan podido percibir a la mujer carlista a través de nuestra colección, se debe en gran medida al importante patrimonio expuesto que tiene relación directa con los conflictos bélicos protagonizados por el carlismo y a que el enfoque inicial no es inclusivo.

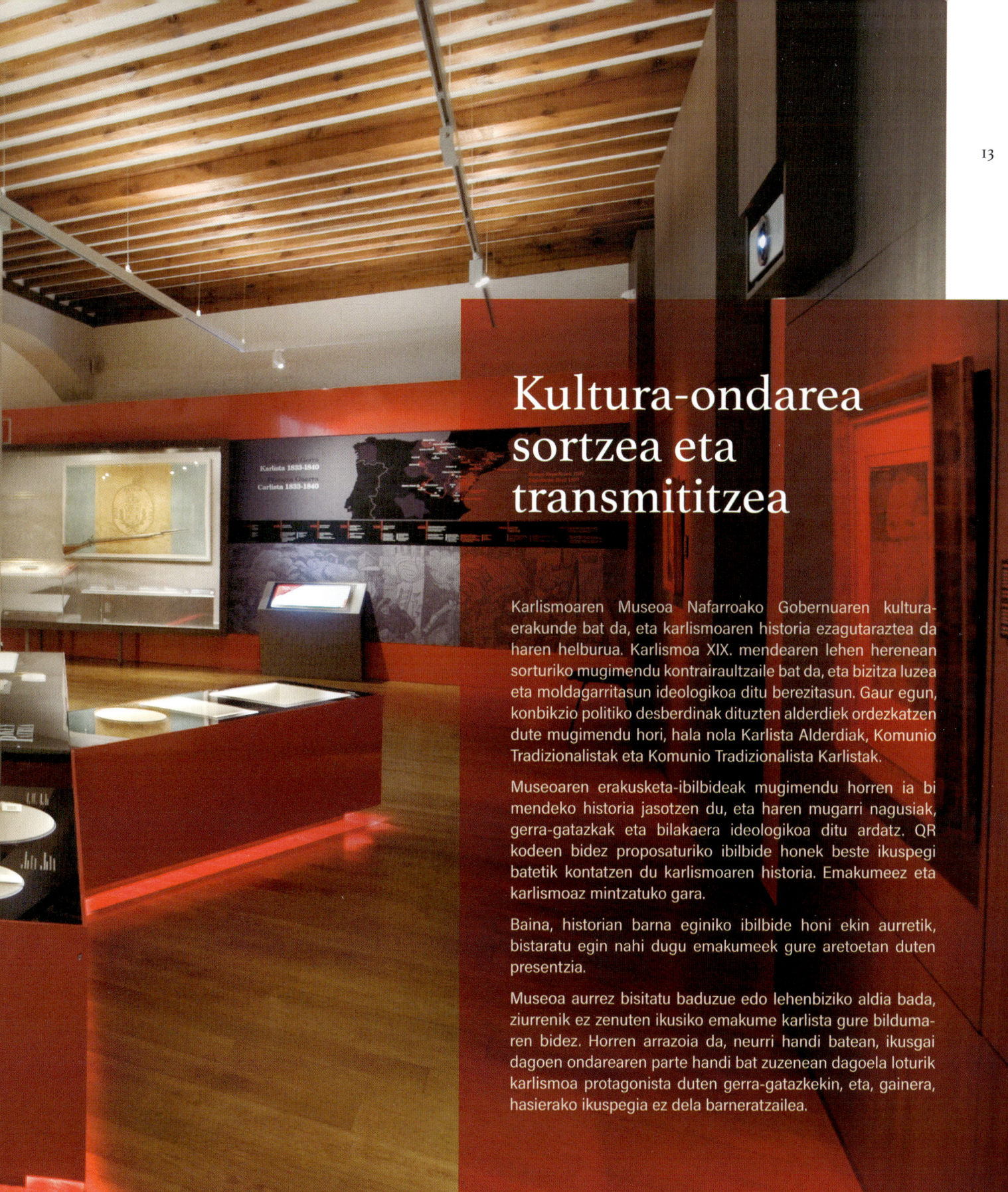

Kultura-ondarea sortzea eta transmititzea

Karlismoaren Museoa Nafarroako Gobernuaren kultura-erakunde bat da, eta karlismoaren historia ezagutaraztea da haren helburua. Karlismoa XIX. mendearen lehen herenean sorturiko mugimendu kontrairaultzaile bat da, eta bizitza luzea eta moldagarritasun ideologikoa ditu berezitasun. Gaur egun, konbikzio politiko desberdinak dituzten alderdiek ordezkatzen dute mugimendu hori, hala nola Karlista Alderdiak, Komunio Tradizionalistak eta Komunio Tradizionalista Karlistak.

Museoaren erakusketa-ibilbideak mugimendu horren ia bi mendeko historia jasotzen du, eta haren mugarri nagusiak, gerra-gatazkak eta bilakaera ideologikoa ditu ardatz. QR kodeen bidez proposaturiko ibilbide honek beste ikuspegi batetik kontatzen du karlismoaren historia. Emakumeez eta karlismoaz mintzatuko gara.

Baina, historian barna eginiko ibilbide honi ekin aurretik, bistaratu egin nahi dugu emakumeek gure aretoetan duten presentzia.

Museoa aurrez bisitatu baduzue edo lehenbiziko aldia bada, ziurrenik ez zenuten ikusiko emakume karlista gure bilduma-ren bidez. Horren arrazoia da, neurri handi batean, ikusgai dagoen ondarearen parte handi bat zuzenean dagoela loturik karlismoa protagonista duten gerra-gatazkekin, eta, gainera, hasierako ikuspegia ez dela barneratzailea.

Para reconocer la labor de las mujeres en el Museo del Carlismo les ofrecemos dos hilos conductores.

El primer hilo se centra en **las mujeres como creadoras, artistas o artesanas**, que pueden conocer principalmente a través de la colección textil: banderas y uniformes. Destacamos algunos ejemplos:

Karlismoaren Museoan, bi gidalerro eskaintzen dizkizuegu emakumeek eginiko lana aintzatesteko.

Lehenbizikoak emakume **sortzaileak, artistak edo artisauak** ditu ardatz, eta ehungintza-bildumaren bidez ezagutzen ahalko dituzue nagusiki: hau da, banderen eta uniformeen bidez. Hona hemen adibide batzuk:

I.

La **bandera de la partida del cura Santa Cruz**, con el lema "Guerra sin cuartel. Victoria o muerte", bordada por las hermanas del monasterio de Santa Ana de Elorrio siguiendo las indicaciones del propio cura.

Santa Kruz apaizaren partidaren banderak "Guerra sin cuartel. Victoria o muerte" (Kuartelik gabeko gerra. Garaipena edo heriotza) leloa jasotzen du, eta Elorrioko Santa Ana monasterioko mojek brodatu zuten, apaizaren aginduei jarraituz.

2.

La **bandera del requeté de Pamplona**, ilustrada por María Isabel Baleztena, donde la artista demuestra su gran conocimiento de la iconografía carlista al inspirarse en grabados y fotografías de la Segunda Guerra.

Iruñeko erreketearen bandera, Maria Isabel Baleztenak ilustratua. Pieza horretan, agerian geratzen da artistak ezagutza aberatsa zuela ikonografia karlistari buruz, Bigarren Gerrako grabatu eta argazkietan inspiratu baitzen.

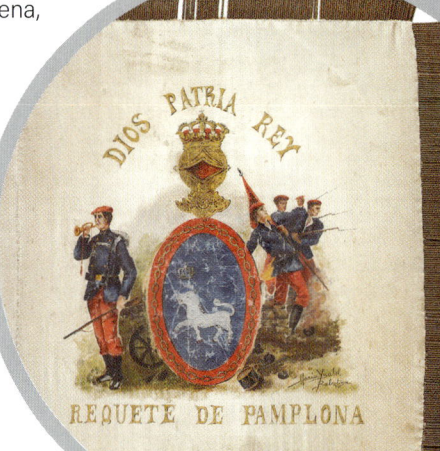

3.

El **"detente bala"** del uniforme de requeté, que nos remite a la fe y creencias de las madres carlistas que entregaban un pequeño bordado del corazón de Jesús como elemento de protección para el soldado durante la guerra civil española.

Errekete-uniformearen tente-balak agerian uzten dituzte ama karlisten fedea eta sinesmenak; izan ere, Jesusen bihotzaren brodatu txiki bat ematen zieten espainiako gerra zibilean soldadu joandako semeei, babesgarri gisa.

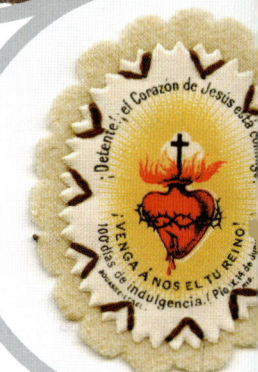

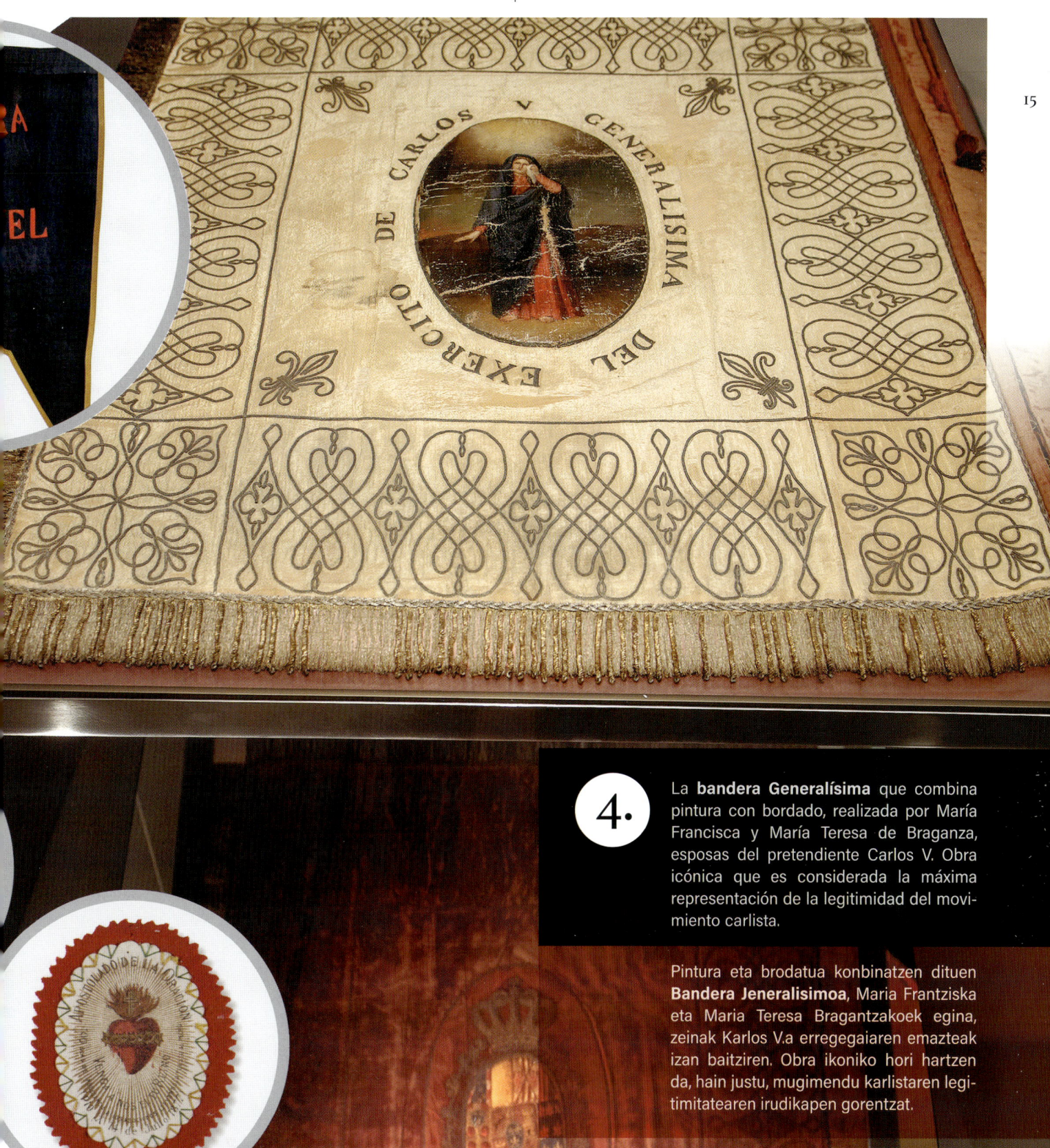

4. La **bandera Generalísima** que combina pintura con bordado, realizada por María Francisca y María Teresa de Braganza, esposas del pretendiente Carlos V. Obra icónica que es considerada la máxima representación de la legitimidad del movimiento carlista.

Pintura eta brodatua konbinatzen dituen **Bandera Jeneralisimoa**, Maria Frantziska eta Maria Teresa Bragantzakoek egina, zeinak Karlos V.a erregegaiaren emazteak izan baitziren. Obra ikoniko hori hartzen da, hain justu, mugimendu karlistaren legitimitatearen irudikapen gorentzat.

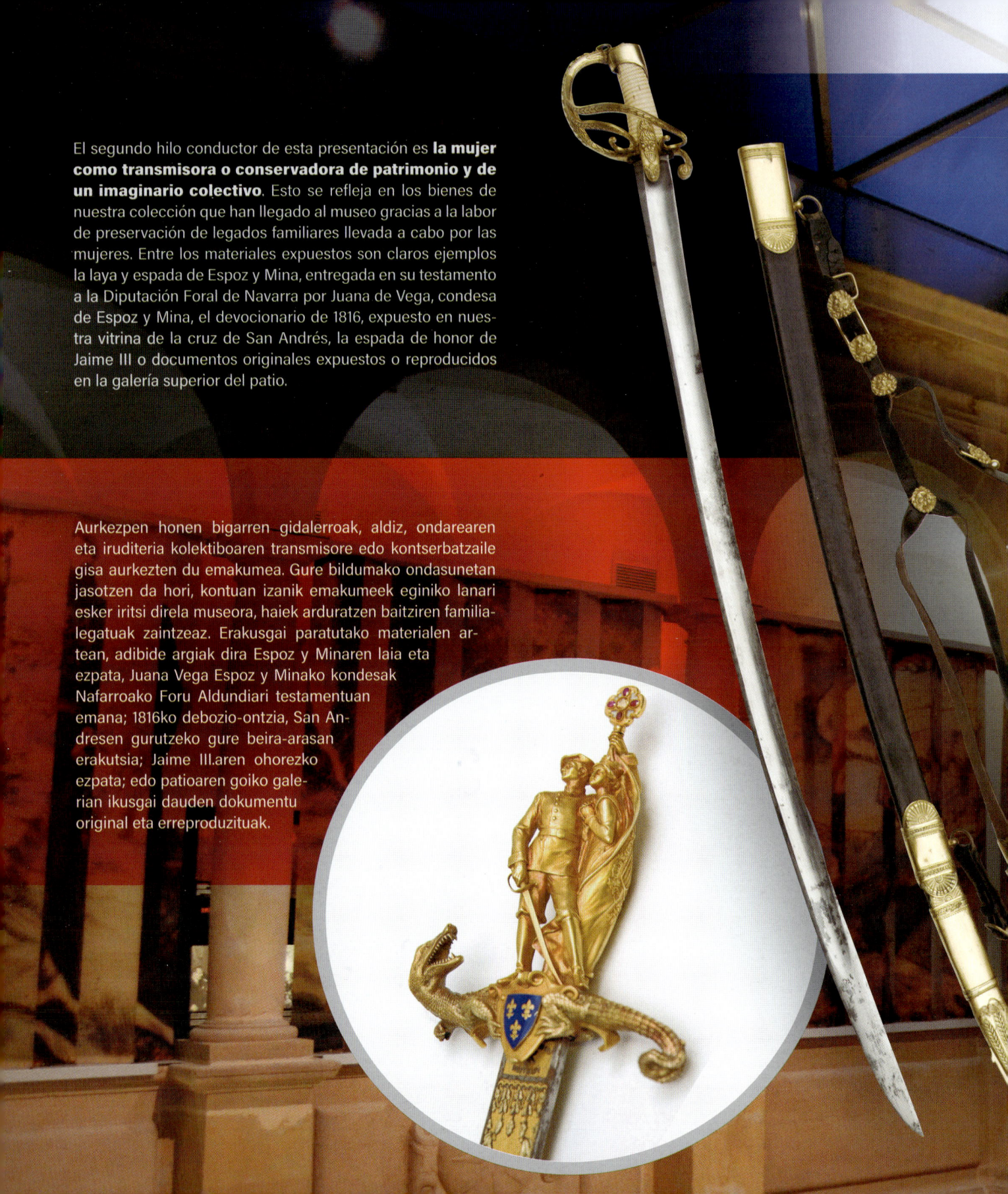

El segundo hilo conductor de esta presentación es **la mujer como transmisora o conservadora de patrimonio y de un imaginario colectivo**. Esto se refleja en los bienes de nuestra colección que han llegado al museo gracias a la labor de preservación de legados familiares llevada a cabo por las mujeres. Entre los materiales expuestos son claros ejemplos la laya y espada de Espoz y Mina, entregada en su testamento a la Diputación Foral de Navarra por Juana de Vega, condesa de Espoz y Mina, el devocionario de 1816, expuesto en nuestra vitrina de la cruz de San Andrés, la espada de honor de Jaime III o documentos originales expuestos o reproducidos en la galería superior del patio.

Aurkezpen honen bigarren gidalerroak, aldiz, ondarearen eta iruditeria kolektiboaren transmisore edo kontserbatzaile gisa aurkezten du emakumea. Gure bildumako ondasunetan jasotzen da hori, kontuan izanik emakumeek eginiko lanari esker iritsi direla museora, haiek arduratzen baitziren familia-legatuak zaintzeaz. Erakusgai paratutako materialen artean, adibide argiak dira Espoz y Minaren laia eta ezpata, Juana Vega Espoz y Minako kondesak Nafarroako Foru Aldundiari testamentuan emana; 1816ko debozio-ontzia, San Andresen gurutzeko gure beira-arasan erakutsia; Jaime III.aren ohorezko ezpata; edo patioaren goiko galerian ikusgai dauden dokumentu original eta erreprodituak.

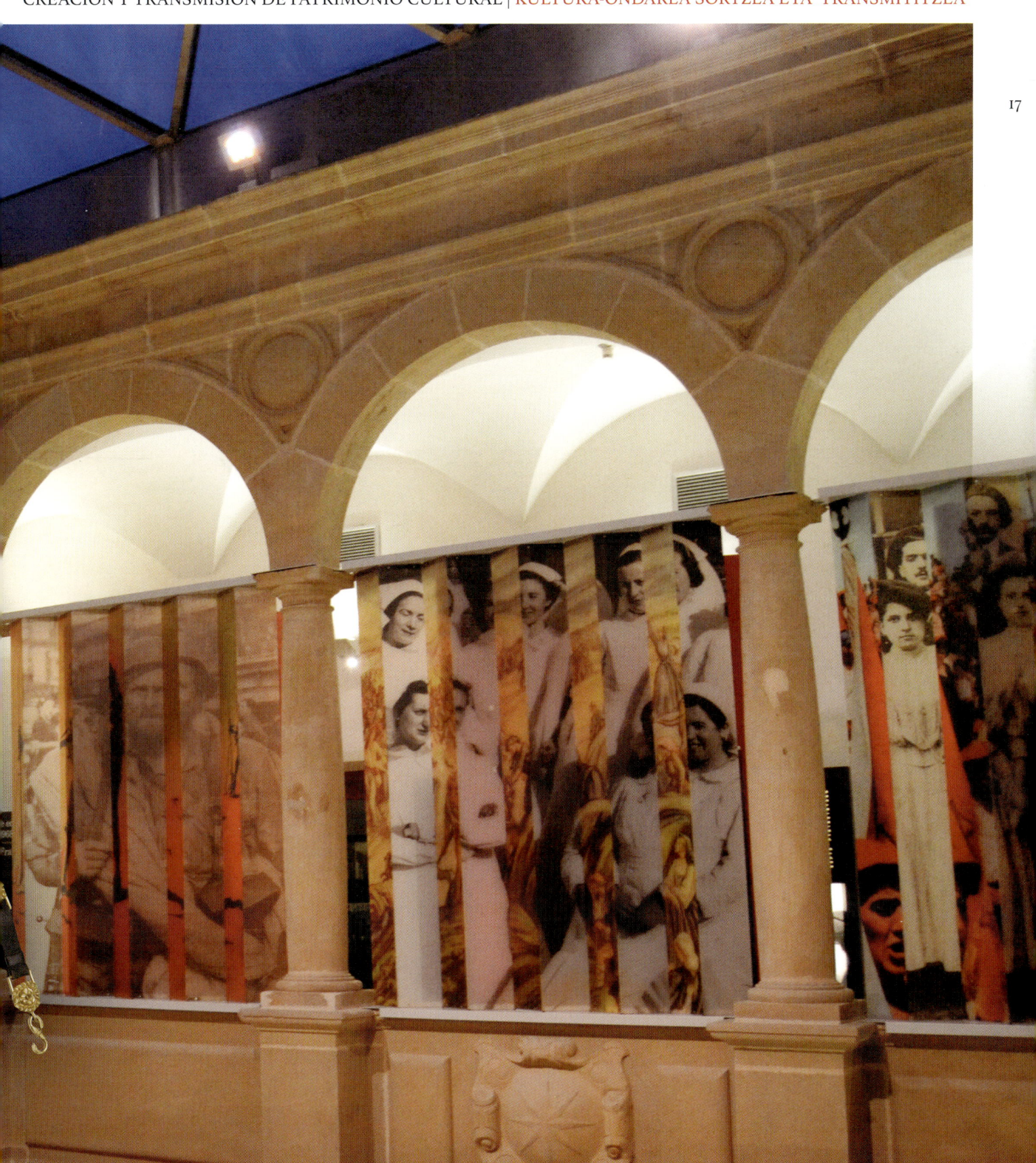

I

ISABEL II DE BORBON
REINA DE ESPAÑA.

La sucesión: ¿una cuestión de género?

En 1829 Fernando VII, viudo por tercera vez y sin descendencia, se casó con su sobrina, M.ª Cristina de Borbón Dos-Sicilias. El matrimonio tenía como único fin el procurar un heredero a la corona española.

En 1830, estando la reina embarazada, el monarca aseguró el ascenso al trono de sus descendientes promulgando la Pragmática Sanción, documento que modifica el orden de sucesión en vigor, la denominada Ley Sálica. Instituida en

Oinordetza: genero-kontua ote?

1829an, Fernando VII.a, hirugarren aldiz alargundua eta seme-alabarik gabea, haren iloba Maria Kristina Borboikoarekin ezkondu zen. Ezkontzaren helburu bakarra zera zen, oinordeko bat ematea Espainiako koroari.

1830ean, erregina haurdun zegoela, erregeak ziurtatu egin zuen bere ondorengoak tronura iristea. Izan ere, Berrespen Pragmatikoa aldarrikatu zuen, eta, dokumentu harekin, aldatu egin zuen garai hartan indarrean zegoen Lege Salikoa edo oinordetza-hurrenkera. Felipe V.a Espainiako borboitarren dinastiako lehen kideak ezarri zuen Lege Salikoa 1713an, eta oinordetzarik gabe uzten zituen emakumeak, ondorengo gizonezko legitimorik izanez gero.

1713 por Felipe V, primer miembro de la dinastía Borbón en España, privaba a las mujeres de la sucesión cuando había legítimos descendientes varones.

El 10 de octubre de 1830 nació Isabel II y fue proclamada princesa de Asturias, desplazando a su tío, Carlos María Isidro, en la línea sucesoria, quien hasta el momento era considerado el heredero legítimo.

Totalmente en desacuerdo con la decisión tomada por su hermano, el infante Carlos abandonó la corte junto con su familia y vivió exiliado en Portugal durante el último año de vida de aquel.

El 1 de octubre de 1833, tras el fallecimiento de Fernando VII y la proclamación de la niña Isabel II como reina, Carlos María Isidro proclamó el Manifiesto de Abrantes por el que reivindica su derecho legítimo al trono de España.

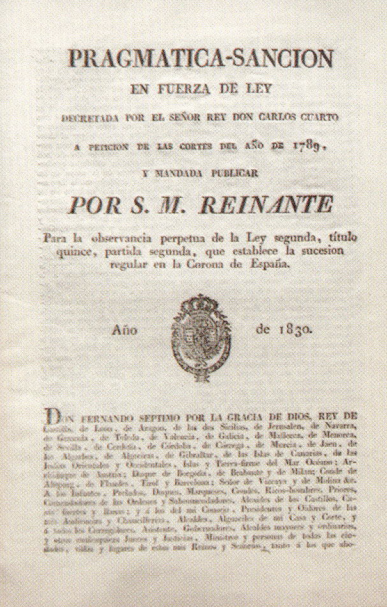

1830eko urriaren 10ean, Isabel II.a jaio zen, eta Asturiasko printzesa izendatu zuten. Hala, aurrea hartu zion haren osaba Karlos Maria Isidrori oinordetza-hurrenkeran, hura hartzen baitzen oinordeko legitimotzat ordura arte.

Karlos infanteak, ez zegoenez batere ados anaiak harturiko erabakiarekin, gortea utzi zuten familiarekin batera, eta Portugal aldean bizi izan ziren erbesteratuta, harik eta anaia hil zen arte.

1833ko urriaren 1ean, Fernando VII.a hil eta Isabel II.a erregina izendatu ondotik, Karlos Maria Isidrok Abrantesko Manifestua aldarrikatu zuen, Espainiako tronurako eskubide legitimoa erreibindikatzeko.

¿ES LA LUCHA DEL CARLISMO POR LA LEGITIMIDAD UNA CUESTIÓN DE GÉNERO?

Aunque el género marcó su inicio, el carlismo surge de un choque entre dos maneras de entender la realidad. El Antiguo Régimen enfrentado a las nuevas ideas que difunde el liberalismo: monarquía constitucional, división de poderes, supresión de privilegios e igualdad ante la ley. Esta última no total, dado que no es reconocida para las mujeres, quienes jurídicamente no alcanzan el estatus de ciudadanas. De hecho, ni en el Antiguo Régimen ni en el Nuevo Régimen los derechos de las mujeres fueron contemplados de igual manera respecto a los derechos reconocidos para los hombres, siendo desiguales durante el siglo XIX los proyectos vitales de unas y otros.

El pensamiento liberal francés se difundió en España y provocó una división en la sociedad que tuvo su reflejo en los principales acontecimientos de principios del siglo XIX, tales como la guerra de la Independencia, promulgación de la Constitución de Cádiz o las guerras realistas en el Trienio Liberal. Todos estos procesos tuvieron una incidencia directa en la vida de las mujeres.

Por tanto, el carlismo surge en la lucha de poder entre los representantes de la nueva corriente ideológica, liberales, y los defensores del régimen anterior, realista. Estos últimos amparándose en el principio de legitimidad se reunirán en torno a la figura del pretendiente Carlos V y pasarán a denominarse carlistas.

GENERO-KONTUA OTE DA KARLISMOAREN LEGITIMITATEAREN ALDEKO BORROKA?

Hasiera generoak markatu bazuen ere, errealitatea ulertzeko bi moduren arteko talkatik sortu zen karlismoa. Batetik, Antzinako Erregimena, eta, bestetik, liberalismoak zabalduriko ideia berriak, hala nola monarkia konstituzionala, botere-banaketa, pribilegioak desagerraraztea eta legearen aurreko berdintasuna. Azken hori ez erabatekoa, ez baitzen onartzen emakumeentzat; hau da, emakumeek ez zuten herritar-estatus juridikoa. Hain zuzen ere, ez Antzinako Erregimenean, ez Erregimen Berrian, emakumeen eskubideak ez zituzten jaso gizonezkoei aitorturiko eskubideak jaso zituzten modu berean. XIX. mendean, desberdinak ziren emakumeen eta gizonen bizi-proiektuak.

Frantziako pentsamendu liberala zabaldu egin zen Espainian, eta zatiketa eragin zuen gizartean. XIX. mende hasierako gertakari nagusietan islatu zen zatiketa hori, hala nola Independentzia Gerran, Cadizko Konstituzioaren aldarrikapenean edo Hirurteko Liberaleko gerra erregezaleetan. Prozesu horiek guztiek eragin zuzena izan zuten emakumeen bizitzan.

Karlismoa, horrenbestez, korronte ideologiko berriaren ordezkarien eta aurreko erregimenaren defendatzaileen arteko botere-borrokatik sortzen da; hau da, liberalen eta erregezaleen arteko botere-borrokatik. Erregezaleak legitimitatearen printzipioa hartzen zuten babes, eta Karlos V.a erregegaiaren inguruan bildu ziren. Horrexegatik hartu zuten karlista izena.

2

Las guerras del siglo XIX

Siguiendo al historiador Antonio Caridad, vamos a hablar de las mujeres en las guerras carlistas del siglo XIX desde dos perspectivas: víctimas y protagonistas.

Todo ser humano en un conflicto bélico se encuentra expuesto a la más completa adversidad, así las mujeres durante las guerras carlistas se enfrentaron a un sinfín de peligros. Cuando los hombres parten hacia la contienda, las mujeres quedan a cargo de la familia y la economía, convirtiéndose en un motor de desarrollo, pero no cuentan con los mismos derechos económicos y no reconocen los mismos derechos profesionales ni capacidad de decisión autónoma que a los hombres.

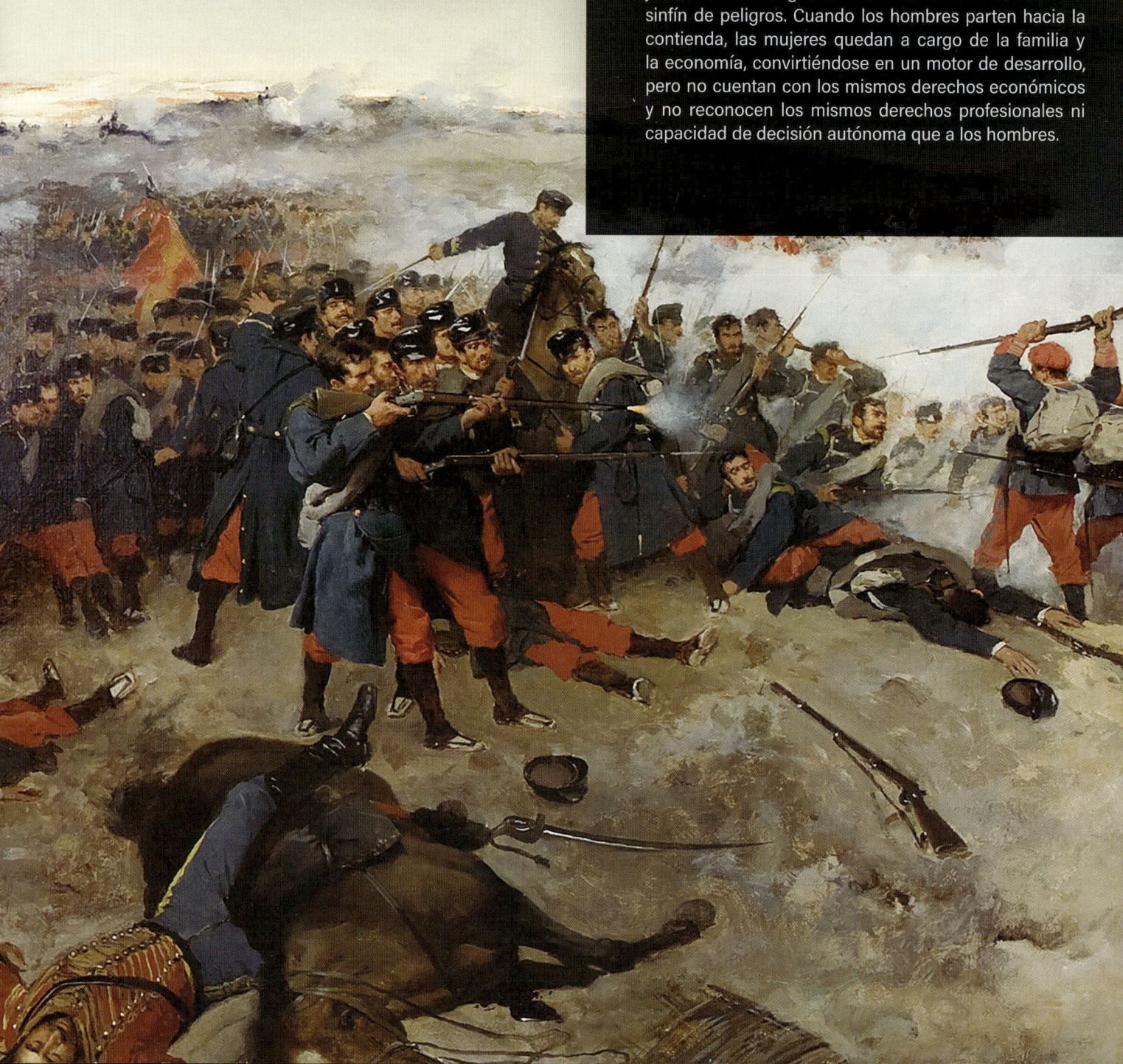

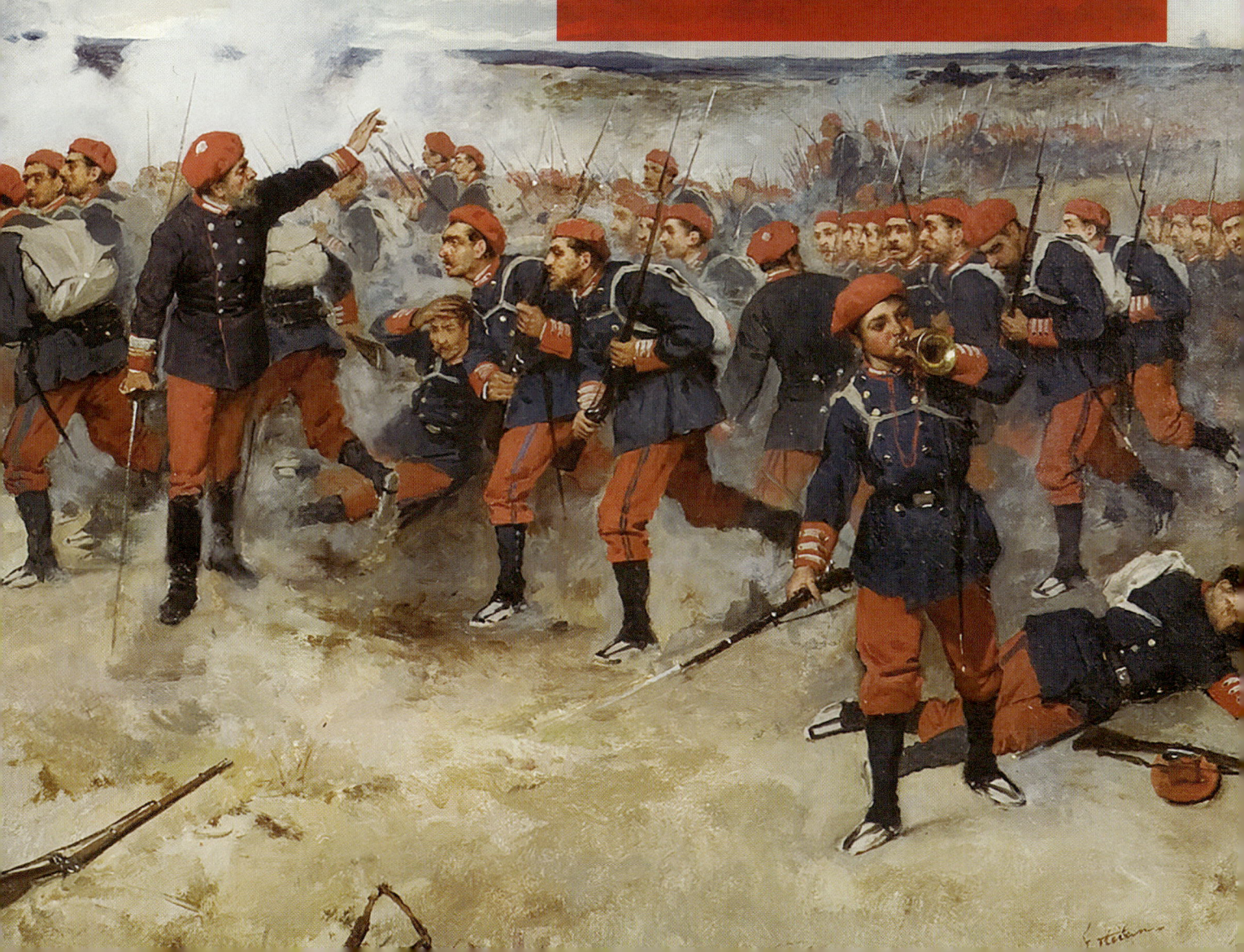

XIX. mendeko gerrak

Antonio Caridad historialariak dioenari jarraituz, bi ikuspegitatik mintzatuko gara XIX. mendeko gerra karlistetako emakumeei buruz: batetik, biktimen ikuspegitik, eta, bestetik, protagonisten ikusmoldetik.

Gatazka beliko batean murgilduriko gizaki oro egoten da ezbeharrik gorrienean, salbuespenik gabe. Hori horrela den heinean, emakumeek hamaika arrisku izan zituzten gerra karlistetan. Gizonak borrokara abiatzen zirenean, emakumeak geratzen ziren familiaren eta etxeko ekonomiaren ardurapean, eta haiek bihurtzen ziren garapen-motor. Alabaina, ez zituzten eskubide ekonomiko berberak, eta ez zitzaizkien aitortzen gizonei aitorturiko eskubide profesional berak, ezta erabakitzeko gaitasun autonomo berberak ere.

La elección de bando, que generalmente no está en sus manos, pue-
de conllevar una serie de penurias: la expulsión de su localidad (1),
la confiscación de bienes (2), el uso de su persona en represalia
o como moneda de cambio para influir en las decisiones del
enemigo a través de secuestros (3), detenciones, asesi-
natos (4), violaciones o malos tratos siendo apaleadas,
emplumadas (5), azotadas o rapadas (6), entre
otras vejaciones. Los abusos sexuales, la pros-
titución (7) y la violencia física y simbólica
son formas de agresión universalmente
utilizadas en la guerra tanto en el frente
como en la retaguardia.

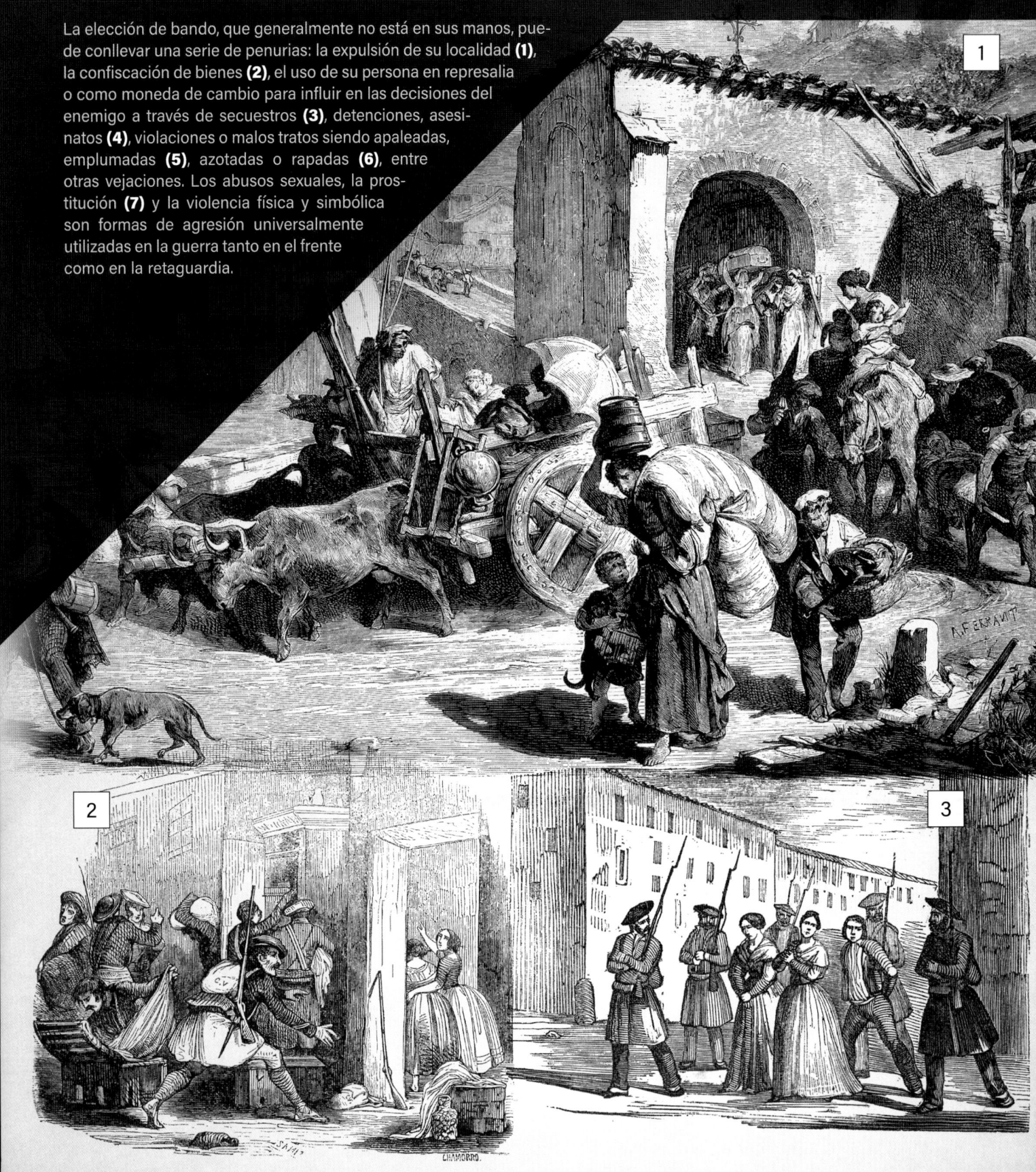

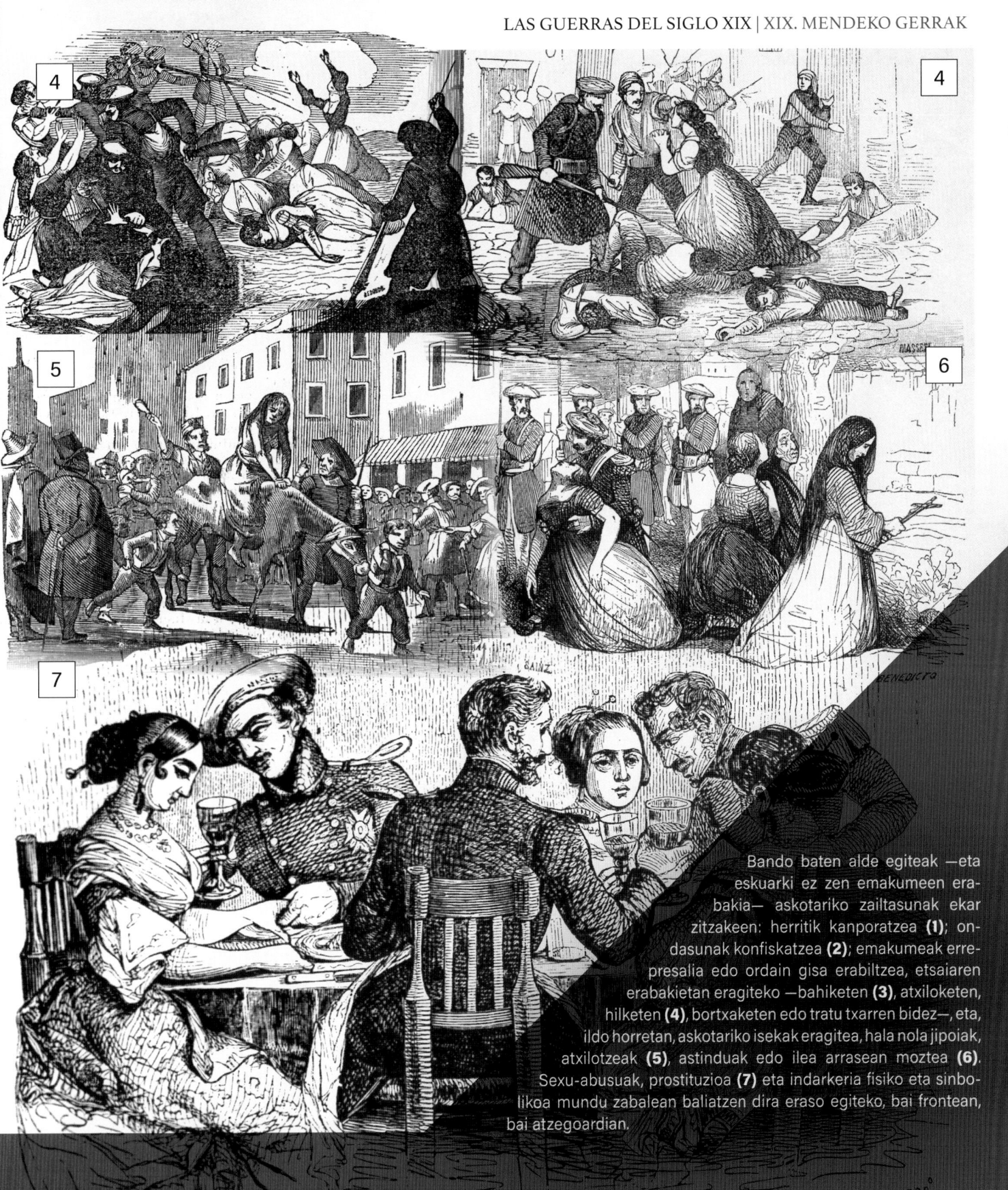

Bando baten alde egiteak —eta eskuarki ez zen emakumeen erabakia— askotariko zailtasunak ekar zitzakeen: herritik kanporatzea (1); ondasunak konfiskatzea (2); emakumeak errepresalia edo ordain gisa erabiltzea, etsaiaren erabakietan eragiteko —bahiketen (3), atxiloketen, hilketen (4), bortxaketen edo tratu txarren bidez—, eta, ildo horretan, askotariko isekak eragitea, hala nola jipoiak, atxilotzeak (5), astinduak edo ilea arrasean moztea (6). Sexu-abusuak, prostituzioa (7) eta indarkeria fisiko eta sinbolikoa mundu zabalean baliatzen dira eraso egiteko, bai frontean, bai atzegoardian.

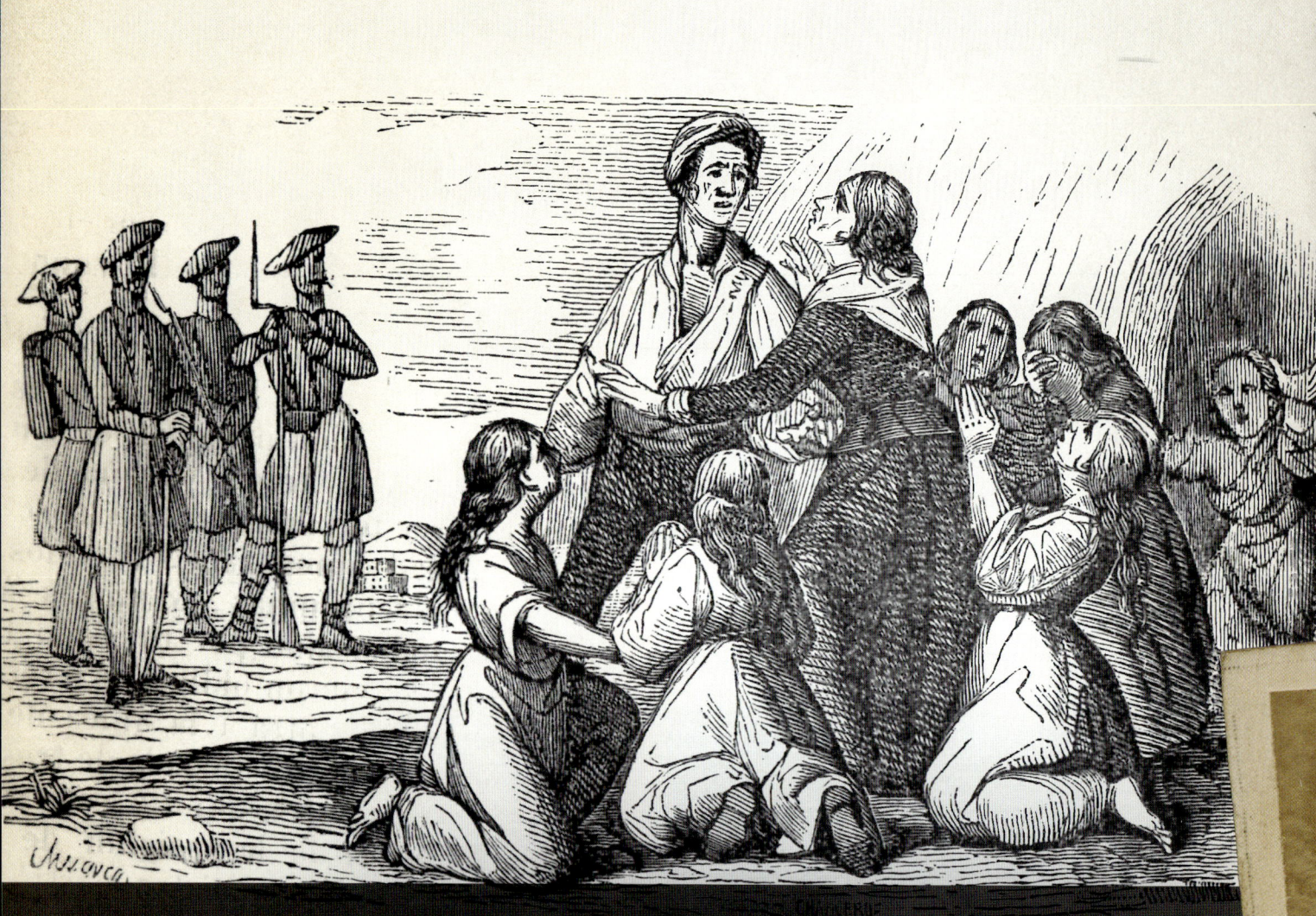

Aunque existen muchos casos estudiados, algunas de las personas que pueden servirnos de ejemplo son:

— **Josefa Antonia de Aguirre**, esposa del general carlista José Ignacio Uranga, que fue encarcelada en la prisión de Vitoria durante catorce meses junto a su hijo y una criada, para forzar a su marido a abandonar las armas.

— **María Griñó**, madre del general Cabrera, que fue fusilada en Tortosa en 1834 tras un largo periodo de prisión, para frenar las acciones de su hijo.

— **La violencia sufrida por algunas mujeres de Villafranca** en Navarra, que fueron azotadas al abandonar la torre de la iglesia, cuando el general Zumalacárregui prendió fuego a la misma con sus maridos liberales dentro.

— **La retención de señoras del valle de Baztán** por el mismo general en 1835 para exigir un rescate a sus maridos huidos a Francia.

Sumamos a los actos de la guerra las situaciones derivadas: la viudedad, el abandono o el exilio, todas ellas sinónimo de miseria durante el siglo XIX.

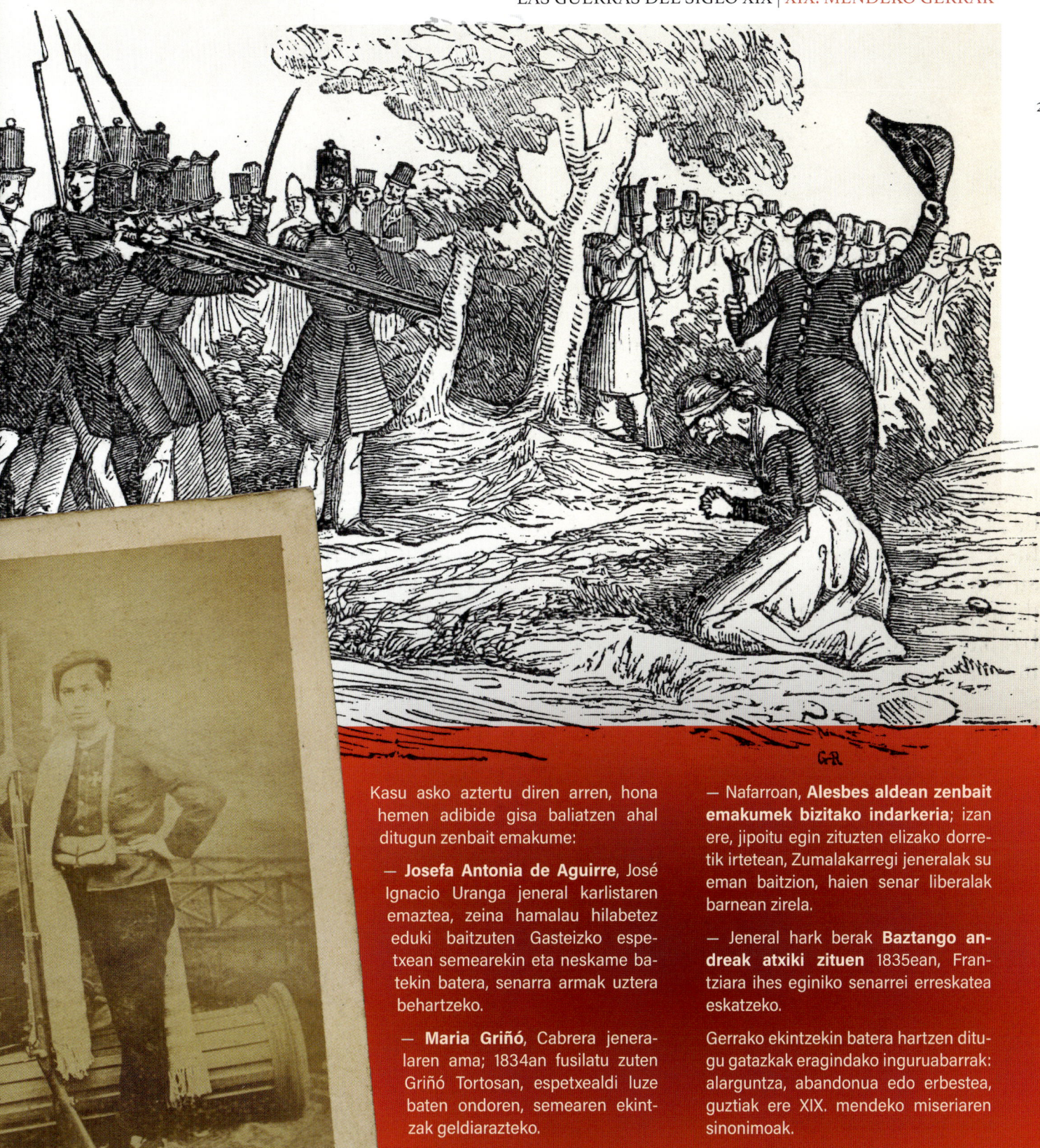

Kasu asko aztertu diren arren, hona hemen adibide gisa baliatzen ahal ditugun zenbait emakume:

— **Josefa Antonia de Aguirre**, José Ignacio Uranga jeneral karlistaren emaztea, zeina hamalau hilabetez eduki baitzuten Gasteizko espetxean semearekin eta neskame batekin batera, senarra armak uztera behartzeko.

— **Maria Griñó**, Cabrera jeneralaren ama; 1834an fusilatu zuten Griñó Tortosan, espetxealdi luze baten ondoren, semearen ekintzak geldiarazteko.

— Nafarroan, **Alesbes aldean zenbait emakumek bizitako indarkeria**; izan ere, jipoitu egin zituzten elizako dorretik irtetean, Zumalakarregi jeneralak su eman baitzion, haien senar liberalak barnean zirela.

— Jeneral hark berak **Baztango andreak atxiki zituen** 1835ean, Frantziara ihes eginiko senarrei erreskatea eskatzeko.

Gerrako ekintzekin batera hartzen ditugu gatazkak eragindako inguruabarrak: alarguntza, abandonua edo erbestea, guztiak ere XIX. mendeko miseriaren sinonimoak.

Llegados a este punto de nuestro itinerario, vamos a realizar una parada ente uno de los cuadros expuestos, *La batalla de Ramales*.

¿Vemos alguna mujer en la contienda?

La iconografía de guerra del siglo XIX no refleja la presencia de la mujer, pero sin duda ellas estaban ahí.

El protagonismo de las mujeres en las guerras carlistas no estaba en la batalla, aunque no podemos negar que se dieron casos como el de Francisca Guarch, conocida como la heroína de Castellfort, quien luchó disfrazada de varón en la Segunda Guerra a las órdenes de Alfonso Carlos de Borbón.

Las mujeres cubrían otros espacios en el conflicto: labores de suministro, aprovisionamiento y logística para el ejército, tareas sanitarias y humanitarias en el cuidado de los heridos, trabajos de información, acompañamiento, espionaje o resistencia civil, entre otras.

Gure ibilbidearen puntu honetara iritsi ondotik, geldialdi bat eginen dugu ikusgai ditugun margolanetako baten aurrean: *Ramalesko gudua*.

Ikusten al duzue emakumerik borrokan?

XIX. mendeko gerra-ikonografiak ez du jasotzen emakumearen presentzia jasotzen, zalantzarik gabe, hantxe zeuden emakumeak.

Gerra karlistetako emakumeen protagonismoa ez zegoen gudu-zelaietan, baina borrokatu zirela ukaezina da. Horietako bat Francisca Guarch dugu, Castellforteko heroi gisa ere ezagutzen dena, gizonez jantzita borrokatu baitzen Bigarren Gerra Karlistan, Alfontso Karlos Borboikoaren agindupean.

Emakumeak gatazkaren beste eremu batzuetan aritzen ziren: armadarentzako hornigaiak eta logistika lanetan; zaurituak zaintzeko lan sanitario eta humanitarioetan; edo informazio, laguntza, espioitza edo erresistentzia zibileko lanetan, besteak beste.

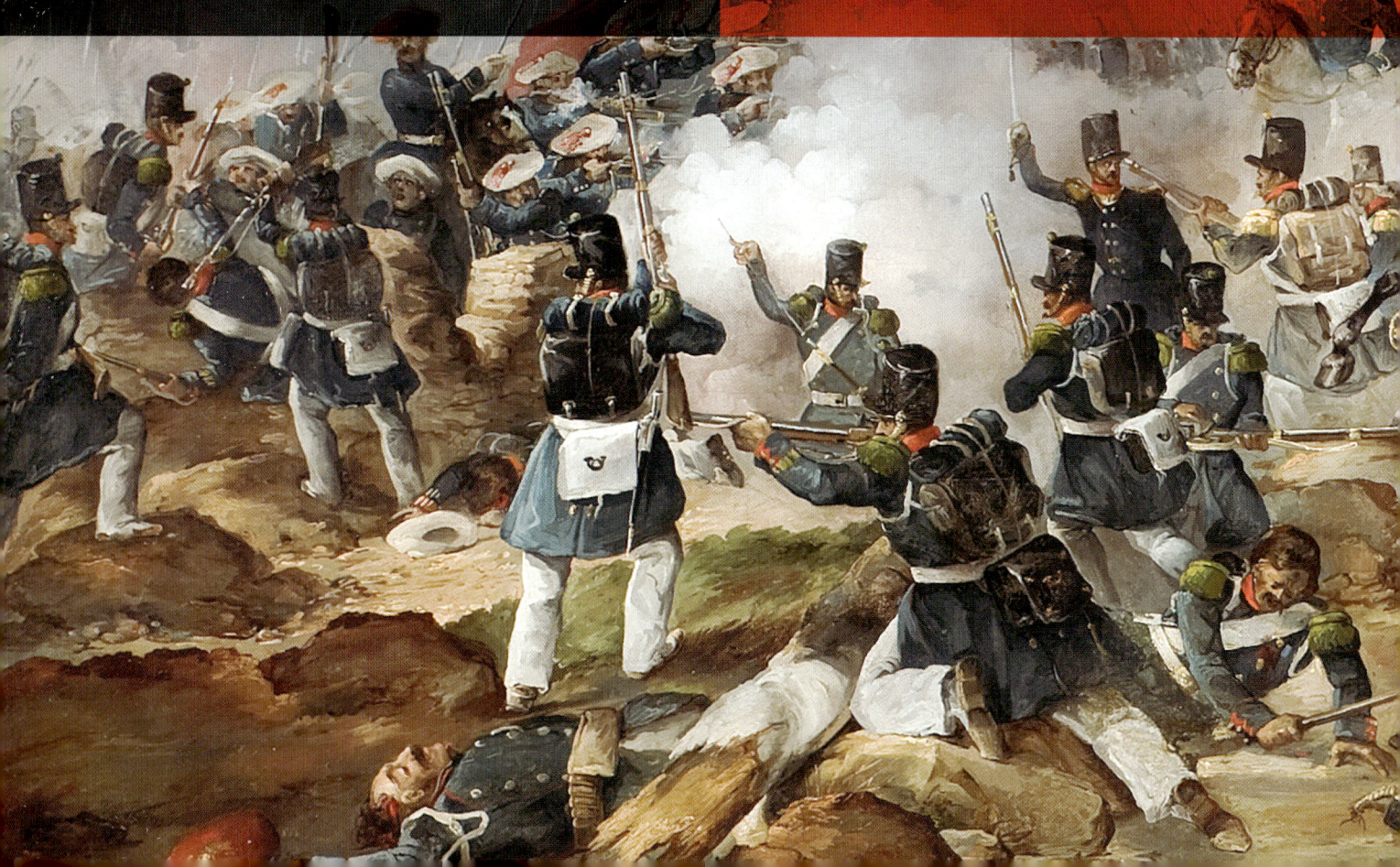

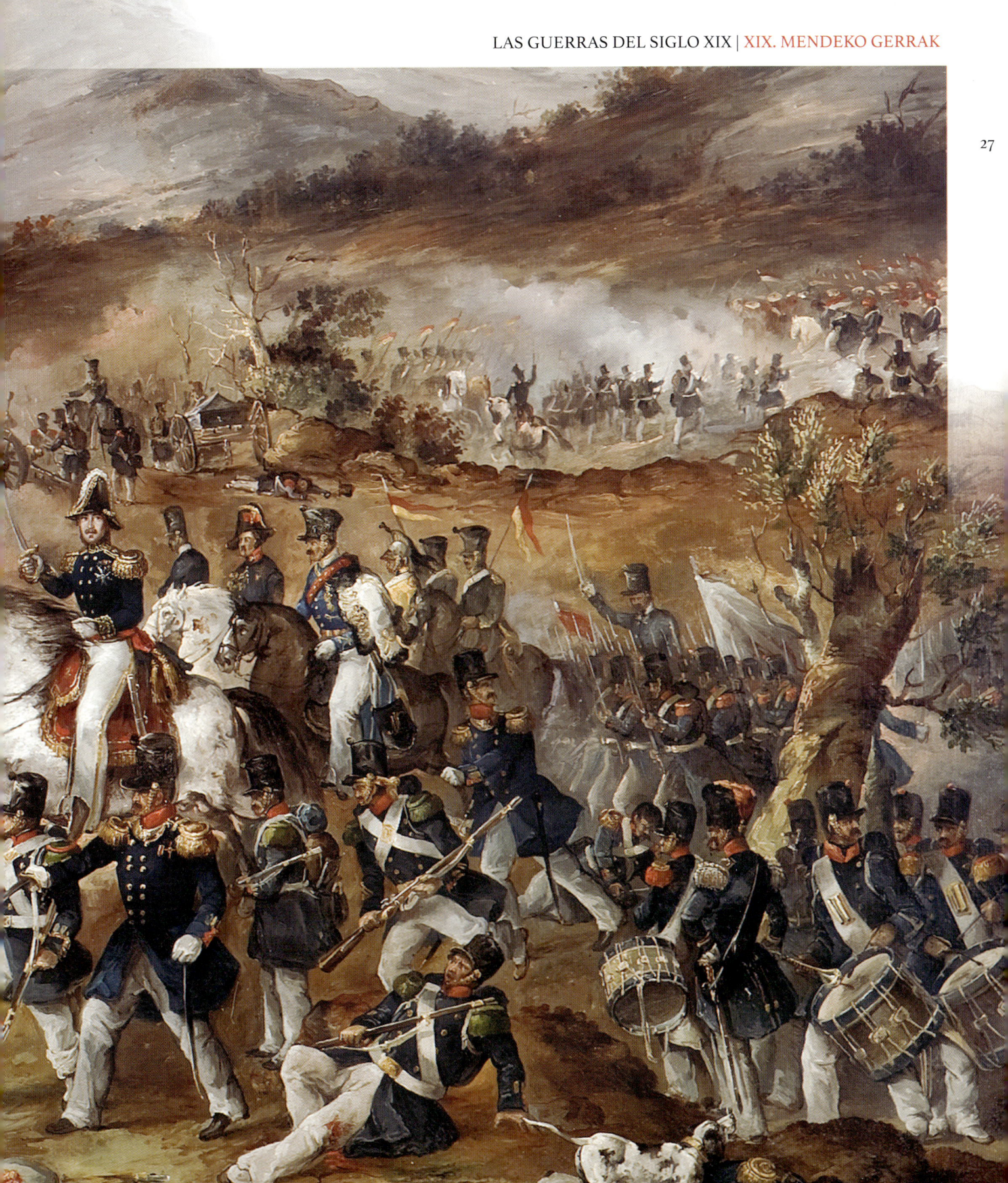

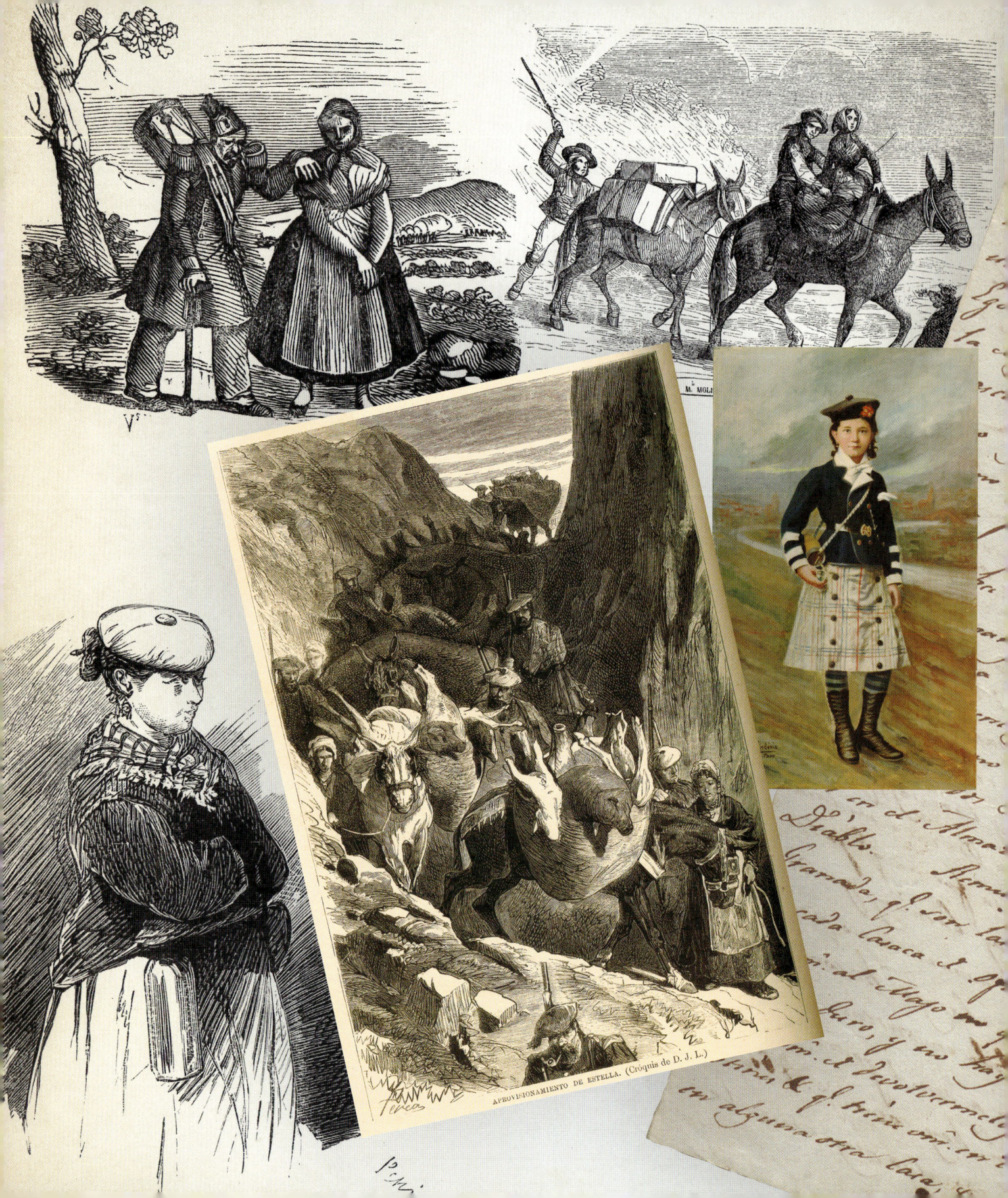

APROVISIONAMIENTO DE ESTELLA. (Cróquis de D. J. L.)

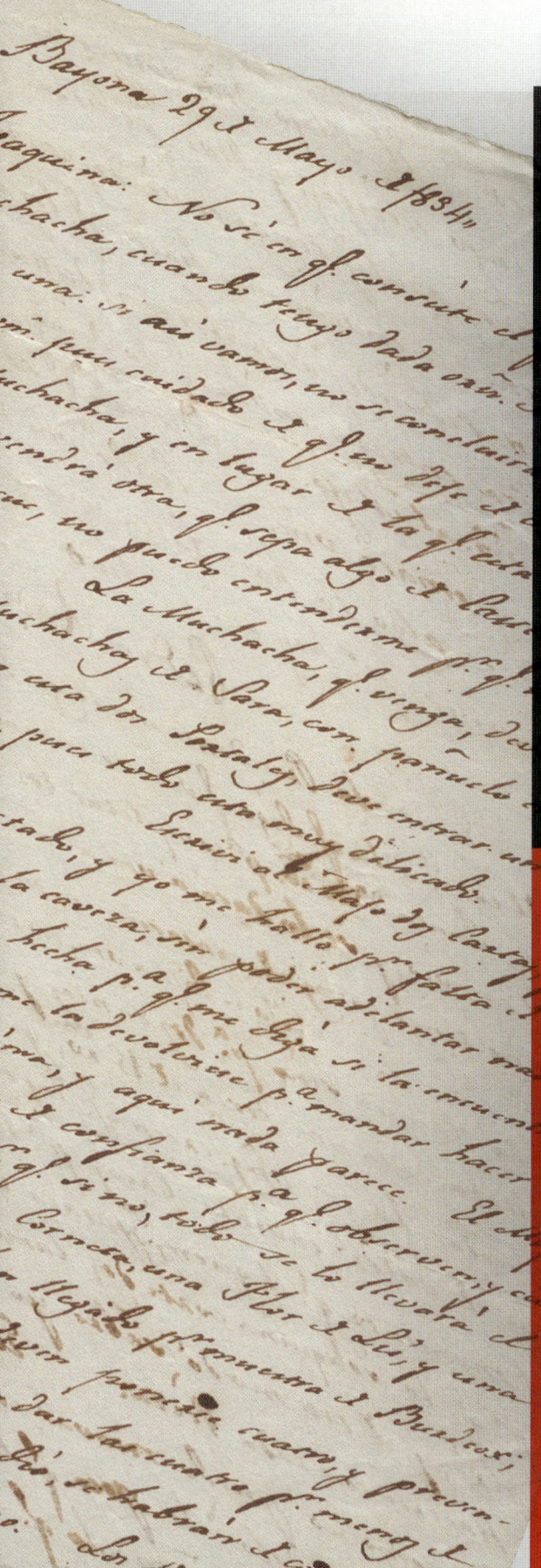

PROTAGONISTAS A DESTACAR

— **Joaquina Goldáraz**, vecina de Zugarramurdi, que trabajó durante la Primera Guerra como enlace pasando la correspondencia carlista a Francia a través de una red de mozas de los pueblos fronterizos.

— **Ana María Galindo**, la Albeitaresa, que acompañaba a Ramón Cabrera para reunirse con los altos mandos en el País Vasco o Navarra sirviendo como coartada en desplazamientos comerciales ficticios desde Aragón.

— **Las cantineras y vivanderas**: mujeres que acompañan al ejército llevando a cabo labores logísticas: cocinar, remendar, acarrear suministros o incluso botines tomados a los enemigos.

— **Los batallones de urbanas** integrados por mujeres liberales de Plentzia, Eibar y Lekeitio para ayudar a reforzar las defensas y enfrentarse a los sitiadores carlistas.

PROTAGONISTA AZPIMARRAGARRIAK

— **Joaquina Goldáraz**, Zugarramurdiko alaba, zeinak artekari gisa jardun baitzuen lehen gerran; hala, Frantziara pasatzen zuen karlisten korrespondentzia, mugako herrietako neska-sare baten bitartez.

— **Ana María Galindo**, Albeitaresa, zeinak Ramon Cabrerari laguntzen baitzion Euskal Herrian barna goi-agintariekin elkartzen zenean, eta alibi gisa erabiltzen zuten Aragoitik barna eginiko gezurrezko joan-etorri komertzialetan.

— **Kantinerak eta bibanderak**, armadari laguntzen zioten emakumeak. Lan logistikoak egiten zituzten, hala nola janaria prestatu, arropa josi, hornigaiak eraman edo are etsaiei harrapaturikoak garraiatu.

— Plentziako, Eibarko eta Lekeitioko **emakume liberalek osatutako hiri-batailoiak**, setiatzaile karlistei aurre egiteko eta defentsak indartzen laguntzeko.

3

Determinantes en la transmisión de la legitimidad dinástica

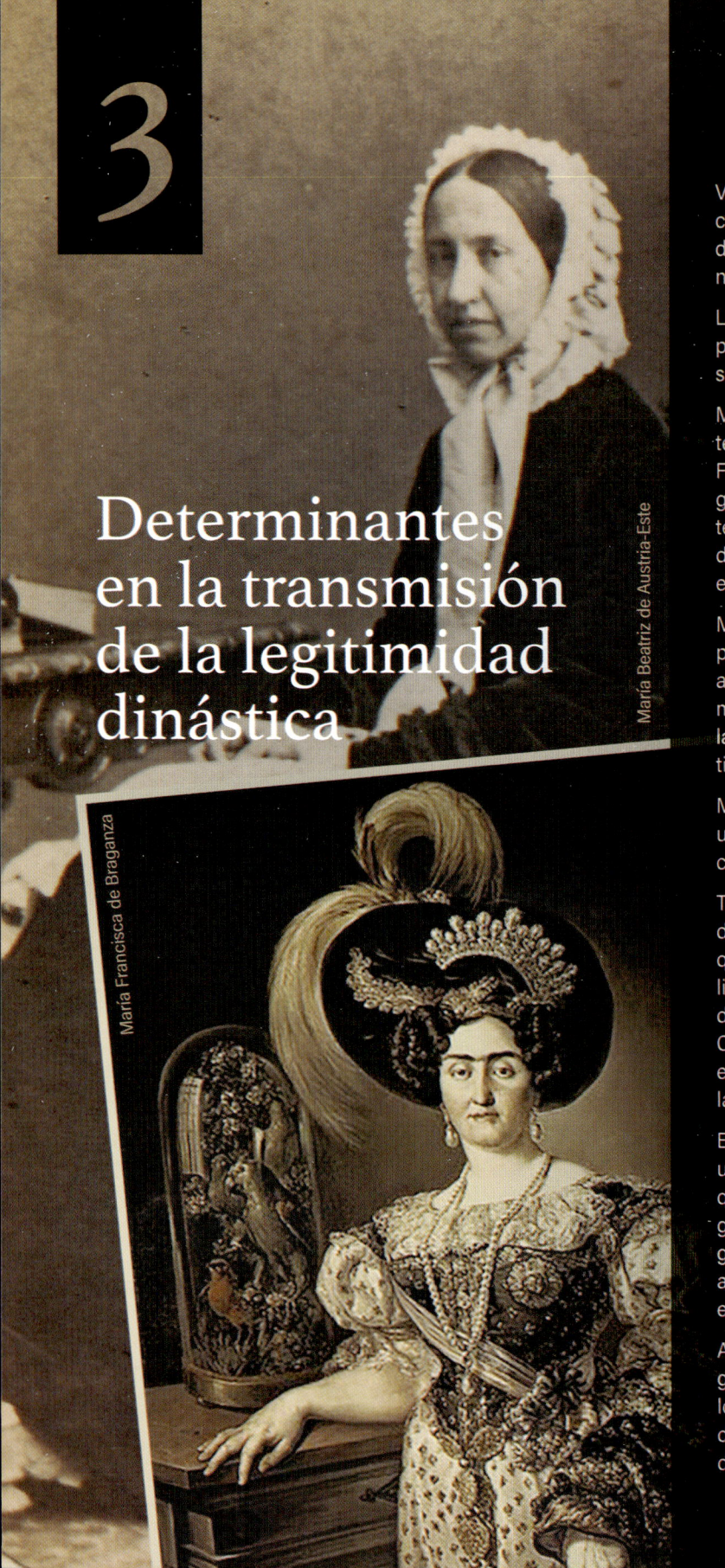

María Beatriz de Austria-Este

María Francisca de Braganza

Vamos a realizar una nueva parada ante la Generalísima, como ya hemos indicado, una de las piezas más destacadas del Museo, para hablar de sus creadoras, que fueron determinantes en la transmisión de la legitimidad.

Las hermanas María Francisca y María Teresa de Braganza, princesas portuguesas, esposas del pretendiente Carlos V secundaron la causa carlista hasta su fallecimiento.

María Francisca fue la madre de los tres hijos del pretendiente, Carlos, Juan y Fernando, y acompañó a su marido al exilio. Falleció en Alberstoke (Inglaterra) en 1835, durante la primera guerra carlista. Ella comenzó el bordado de la bandera que, terminada por su hermana María Teresa, se introdujo clandestinamente en España para ser entregada en Estella a la escolta de guardia de honor del pretendiente.

María Teresa de Braganza, princesa de Beira, se casó por poderes en 1838 con el viudo de su hermana y, ese mismo año, entró en España clandestinamente para acompañar a su marido hasta el final de la guerra. Ella rescató y sacó del país la bandera Generalísima que en sus manos terminará convirtiéndose en el máximo símbolo de la legitimidad.

María Teresa, que acompañó al pretendiente al exilio, tuvo un importante papel como ideóloga tras la guerra, cuando el carlismo se enfrentó a un problema sucesorio.

Tras fallecer Carlos VI, primogénito del pretendiente sin descendencia, la legitimidad pasó a Juan III, su segundo hijo, quien por sus ideas liberales no fue considerado apto para liderar la causa carlista. Juan, casado con la princesa de Módena, María Beatriz de Austria-Este, era padre de dos hijos, Carlos y Alfonso, a quienes había criado su madre en el más estricto tradicionalismo, pero sin voluntad de que asumieran la pretensión dinástica española.

En 1864, desde Baden (Austria), la princesa de Beira emitirá un documento conocido como *Carta a los españoles* por el que estableció el principio de doble legitimidad, que distingue entre una legitimidad dinástica, que proviene de la sangre, y una legitimidad histórica, que se sustenta en el respeto a los principios y leyes fundamentales del derecho histórico español.

Amparándose en esta carta, será ella quién transmita y otorgue la legitimidad a Carlos VII, nieto de su marido, obviando los derechos de Juan. Este acto será reforzado con la entrega de la bandera Generalísima que volverá a entrar en España durante la segunda guerra carlista.

Egin dezägun beste geldialditxo bat Bandera Jeneralisimoaren aitzinean. Lehen esan dugun bezala, museoko piezarik nabarmenetako bat da, eta haien sortzaileez mintzatuko gara, erabakigarriak izan baitziren legitimatea transmititzeko.

Maria Frantziska eta Maria Teresa Bragantzakoak, ahizpak eta printzesa portugaldarrak, Karlos V.a erregegaiaren emazteak izan ziren, eta karlismoarekin bat egin zuten hil ziren arte.

Maria Frantziska erregegaiaren hiru semeen ama izan zen —Karlos, Juan eta Fernandoren ama, hain zuzen—, eta senarrarekin batera erbesteratu zen. Alberstoken (Ingalaterra) hil zen 1835ean, lehen gerra karlistan. Hark ekin zion bandera brodatzeari, eta ahizpa Maria Teresak amaitu zuen. Hala, ezkutuan sartu zuten Espainian, eta erregegaiaren ohorezko guardiako eskoltaren esku utzi zuten Lizarran.

Maria Teresa Bragantzakoa, Beirako printzesa, ahizparen alargunarekin ezkondu zen ahalordez 1838an, eta urte hartan bertan sartu zen Espainian ezkutuan, senarrari gerra amaitu arte laguntzeko. Hark erreskatatu zuen Bandera Jeneralisimoa —eta herrialdetik atera—, eta haren eskuetan bihurtu zen legitimatearen ikur gorena.

Maria Teresak, erregegaiari erbestera lagundu, eta eginkizun garrantzitsua izan zuen ideologo gisa gerraren ondoren, karlismoak oinordetza-arazo bati aurre egin zionean.

Karlos VI.a erregegaiaren seme nagusia zen, ondorengorik gabea, eta, hura hil zenean, erregegaiaren bigarren seme Joan III.ari pasatu zioten legitimatea. Hura, ordea, ez zuten jo egokitzat kausa karlistaren buru izateko, ideia liberalak defendatzen baitzituen. Joan, Maria Beatriz Austria-Estekoa Modenako printzesarekin ezkonduta zegoena, bi semeren aita zen: Karlos eta Alfontsorena. Amak tradizionalismorik zorrotzenean hezi zituen biak, baina Espainiako dinastia beren gain hartzeko borondaterik gabe.

1864an, Beirako printzesak *Espainiarrei helarazitako gutuna* izeneko dokumentu bat bidali zuen Baden hiritik (Austria). Haren bidez, legitimate bikoitzaren printzipioa ezartzen zuen: batetik, odoletik datorren legitimate dinastikoa, eta, bestetik, legitimate historikoa, Espainiako zuzenbide historikoaren oinarrizko printzipioak eta legeak errespetatzen dituena.

Gutun horretan oinarriturik, berak transmititu eta emanen dio legitimatea haren senarraren Karlos VII.a bilobari, eta alde batera utziko ditu Joanen eskubideak. Egintza hori indartu eginen da Bandera Jeneralisimoa entregatzearekin, zeina bigarren gerra karlistan sartuko baitzen atzera Espainian.

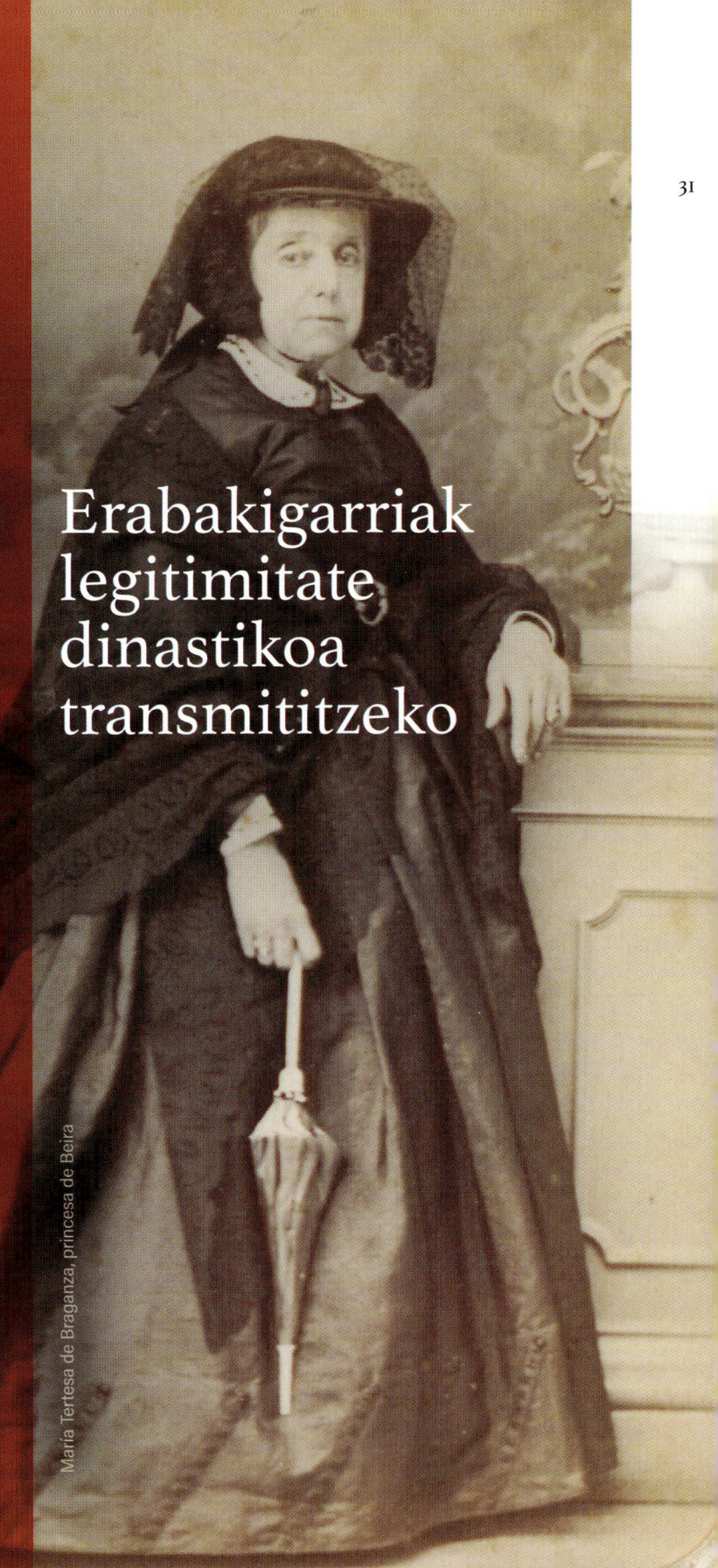

Erabakigarriak legitimitate dinastikoa transmititzeko

Maria Tertesa de Braganza, princesa de Beira

4

Un modelo para la mujer carlista
Emakume karlistarentzako eredua

En 1868 en España se produjo un vacío de poder al partir Isabel II al exilio en la llamada Revolución Gloriosa. Esta situación fue vista desde el carlismo como una oportunidad para sentar en el trono al pretendiente Carlos VII, quien protagonizó un nuevo conflicto bélico: la segunda guerra carlista.

El nuevo aspirante a la corona, Carlos María de los Dolores de Borbón, acababa de contraer matrimonio con su prima Margarita de Borbón Parma, princesa de Parma, sobrina del pretendiente legitimista al trono de Francia, Enrique V.

La princesa, que apoyaba a su marido en sus aspiraciones monárquicas, tendrá una importante implicación en el conflicto. Su presencia en el sur de Francia durante la guerra fue el eje de la creación de una red de apoyo al carlismo legitimista en la frontera. Margarita se comprometió económicamente, empeñando su fortuna personal y haciendo acopio de fondos a través de cuestaciones con el fin de sufragar suministros, uniformes, armamento, etc.

La princesa entró hasta en tres ocasiones en España durante la guerra para acompañar a su esposo, la primera de ellas en 1874 la llevó a Estella donde se alojó en el cercano hospital de Irache.

Precisamente la labor sanitaria de Margarita de Borbón Parma es la que le granjeó un mayor prestigio y devoción entre los carlistas y el reconocimiento internacional. En noviembre de 1873, fundó La Caridad, institución sanitaria carlista para el socorro de heridos de ambos bandos.

Esta organización mantuvo durante la guerra hospitales en el sur de Francia y en los territorios carlistas del norte de España, zona vasco navarra y Cataluña, recibiendo apoyo de organizaciones humanitarias extranjeras y fondos de los comités nacionales de la Cruz Roja de varios países europeos.

1868an, botere-hutsune bat izan zen Espainian. Izan ere, Isabel II.ak erbestera egin zuen Iraultza Loriatsua deiturikoan. Karlismoak abagune gisa ikusi zuen hutsune hori, Karlos VII.a erregegaia tronura eramateko. Eta horrek beste gerra-gatazka bat ekarri zuen: bigarren gerra karlista.

Erregegai berria, Karlos Maria Borboi Austria-Estekoa, ezkondu berria zen haren lehengusina Margarita Borboi-Parmakoa printzesarekin, zeina Enrike V.aren iloba baitzen —hau da, Frantziako tronurako ezkongai legitimistarena—.

Printzesak babes ematen zion senarrari monarkia-aspirazioetan, eta inplikazio handia izan zuen gatazkan. Gerra-garaian, Frantzia hegoaldean egon zen, eta babes-sare bat sortu zuen, mugan karlismo legitimistari laguntzeko. Margaritak konpromiso ekonomikoa hartu zuen: bahituran eman zuen bere ondasun pertsonala eta funtsak bildu zituen diru-eskeen bidez, hornidurak, uniformeak, armak eta abar ordaintzeko.

Printzesa hirutan ere sartu zen Espainian gerra-garaian, senarrari laguntzera. Lehenbizikoz 1874an, eta Lizarra aldera iritsi zen; ingurumari hauetan, Iratxeko ospitalean hartu zuen ostatu.

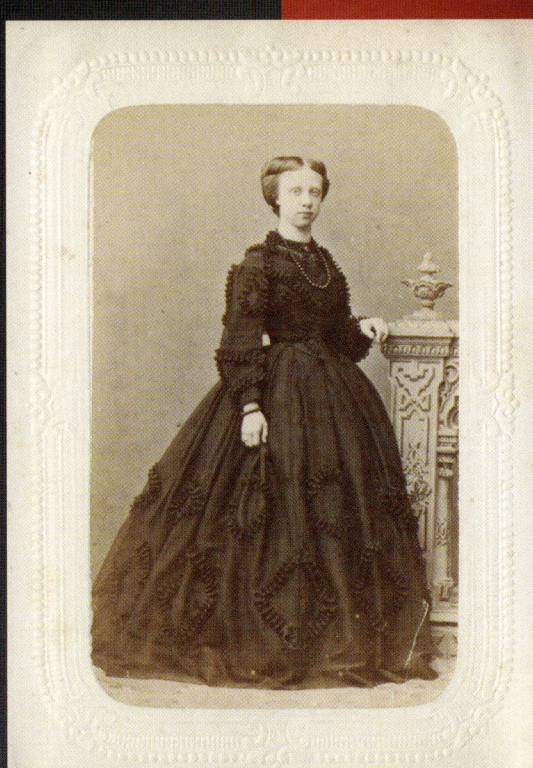

Hain zuzen ere, osasungintzaren alde eginiko lanak eman zion ospe eta debozio handiena Margarita Borboi-Parmakoari karlisten artean, eta horrexek eman zion nazioarteko aintzatespena ere. 1873ko azaroan, La Caridad sortu zuen, bi aldeetako zaurituak laguntzeko osasun-instituzio kar-lista.

Erakunde horrek ospitaleak izan zituen bai Frantzia hegoaldean, bai Espainia iparraldeko, Euskal Herriko eta Kataluniako lurralde karlistetan. Eta atzerriko erakunde humanitarioen laguntza ez ezik, Europako hainbat herrialdetako Gurutze Gorriko batzorde nazionalena ere jaso zuen.

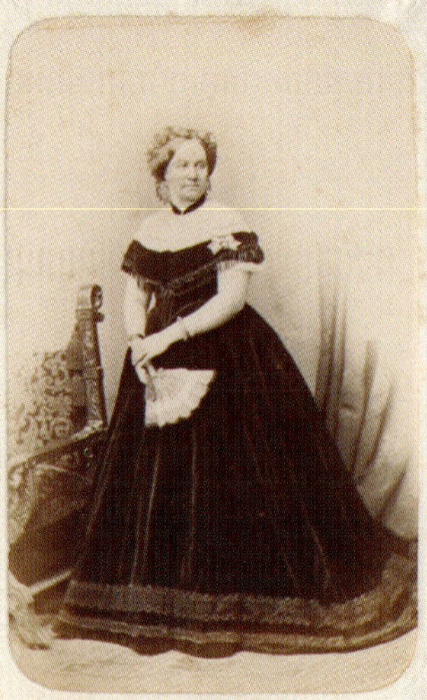

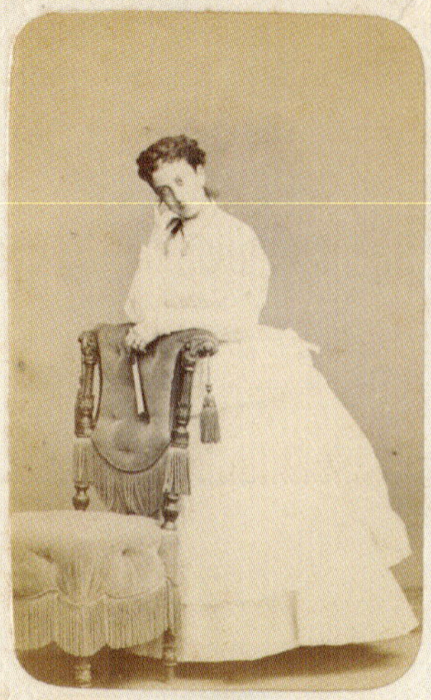

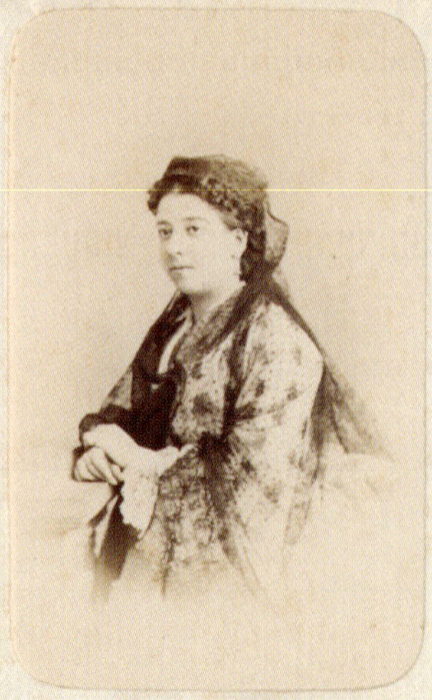

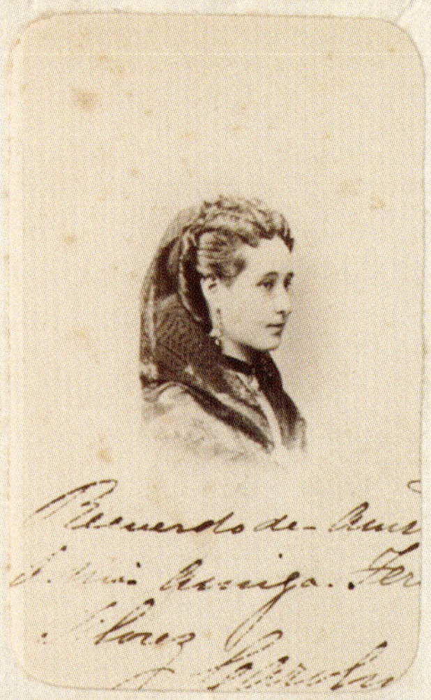

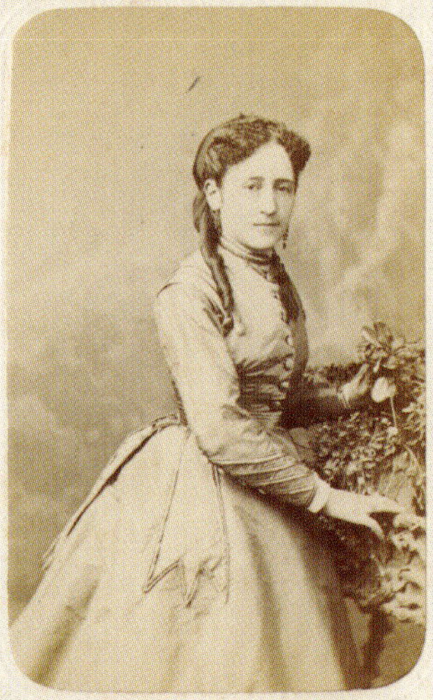

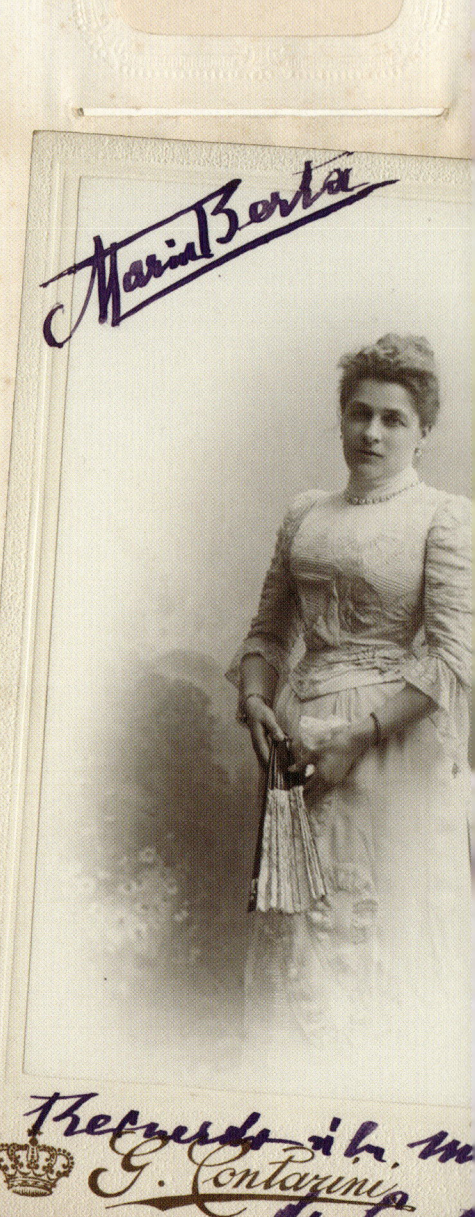

Las integrantes del círculo más cercano a la princesa se implicaron activamente en este proyecto. Destaca la labor de María Josefa Vasco, representante de Margarita en suelo español que, entre otras tareas, estuvo a cargo de la mediación con el ejército liberal para la evacuación por mar de heridos carlistas a hospitales en Francia en 1874 tras la batalla de Somorrostro.

Printzesarengandik hurbilen zegoen taldeko kideak aktiboki inplikatu ziren proiektu horretan. Nabarmentzekoa da María Josefa Vascoren lana, zeina Margaritaren ordezkari izan baitzen Espainiako lurretan; besteak beste, armada liberalarekin bitartekaritza-arduradun aritu zen 1874an, eta zauritu karlistak Frantziako ospitaleetara itsasoz ebakuatzen zituzten, Somorrostroko guduaren ondoren.

Finalizada la contienda, se produjo un distanciamiento entre Margarita y su esposo. Su biógrafa, Ana de Sagrera, lo atribuye a unas palabras del pretendiente culpabilizando a la princesa de la pérdida de la guerra. Esta referencia permite vislumbrar su destacado papel en el conflicto y hace necesario un estudio exhaustivo de esta figura histórica.

En 1876, Margarita permaneció en Francia mientras el pretendiente viajaba a América. En sus manos quedaron el pago de las deudas, las responsabilidades familiares (el matrimonio tenía cinco hijos menores de edad) y el socorro y acompañamiento a los carlistas exiliados.

En 1894, un año después de su muerte, Carlos VII volvió a contraer matrimonio con María Berta, princesa de Rohan. La admiración despertada por la primera esposa entre los carlistas, su desvinculación de la causa y la venta de patrimonio del pretendiente tras su fallecimiento han contribuido al desprestigio entre los carlistas y al desconocimiento de la figura de María Berta.

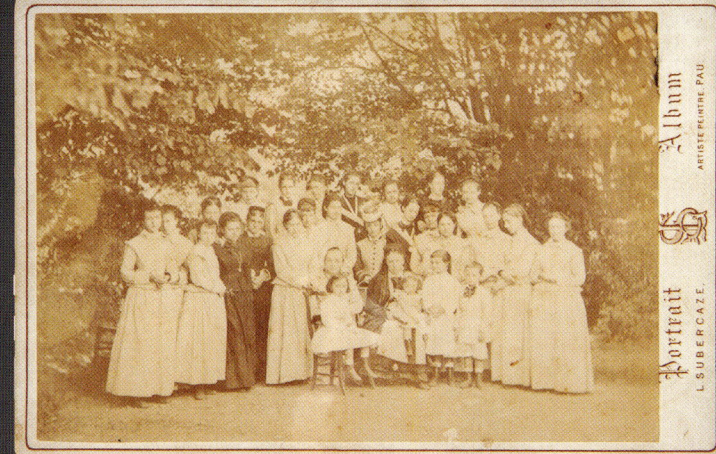

La labor humanitaria de Margarita de Borbón Parma le otorgó la denominación de "Ángel de La Caridad", y sirvió de modelo para el ideal de mujer tradicionalista del siglo XX que encarnarán las integrantes de la organización femenina de las Margaritas.

Margarita Borboi-Parmakoari "Karitate Aingeru" esaten zioten, egin zuen lan humanitarioagatik. Hori horrela, XX. mendeko emakume tradizionalisten idealaren eredu izan zen, eta hari jarraitu zioten Margaritak izendaturiko emakume-erakundeko kideek.

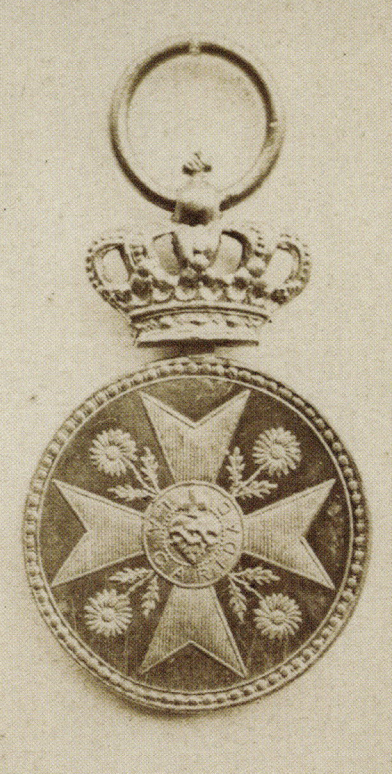

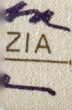

Gerra amaitu ondotik, Margarita eta senarra urrundu egin ziren elkarrengandik. Ana Sagrera biografoaren esanean, erregegaiaren hitzek eragin zuten banantze hori, printzesari leporatu baitzion gerra galdu izana. Erreferentzia horri esker, bistan geratzen da Margaritak gatazkan izaniko eginkizun nabarmena, eta, horrenbestez, beharrezkoa da figura historiko hori errotik aztertzea.

1876an, Margarita Frantzian geratu zen; erregegaiak, berriz, Amerika aldera egin zuen. Emaztearen esku geratu ziren zorrak, familia-erantzukizunak —senar-emazteek bost seme-alaba adingabe baitzituzten— eta erbesteratutako karlistei eman beharreko sorospena eta laguntza.

1894an, hil eta urtebetera, Karlos VII.a berriro ezkondu zen Maria Berta Rohango printzesarekin. Lehen emazteak karlisten artean piztutako miresmenak, kausa karlistatik aldendu izanak, eta hil ondoren erregegaiaren ondarea saltzeak ospea galarazi zioten karlisten artean, eta, horrenbestez, apenas ezagutzen da Maria Bertaren figura.

5

El mito de "Doña Blanca"

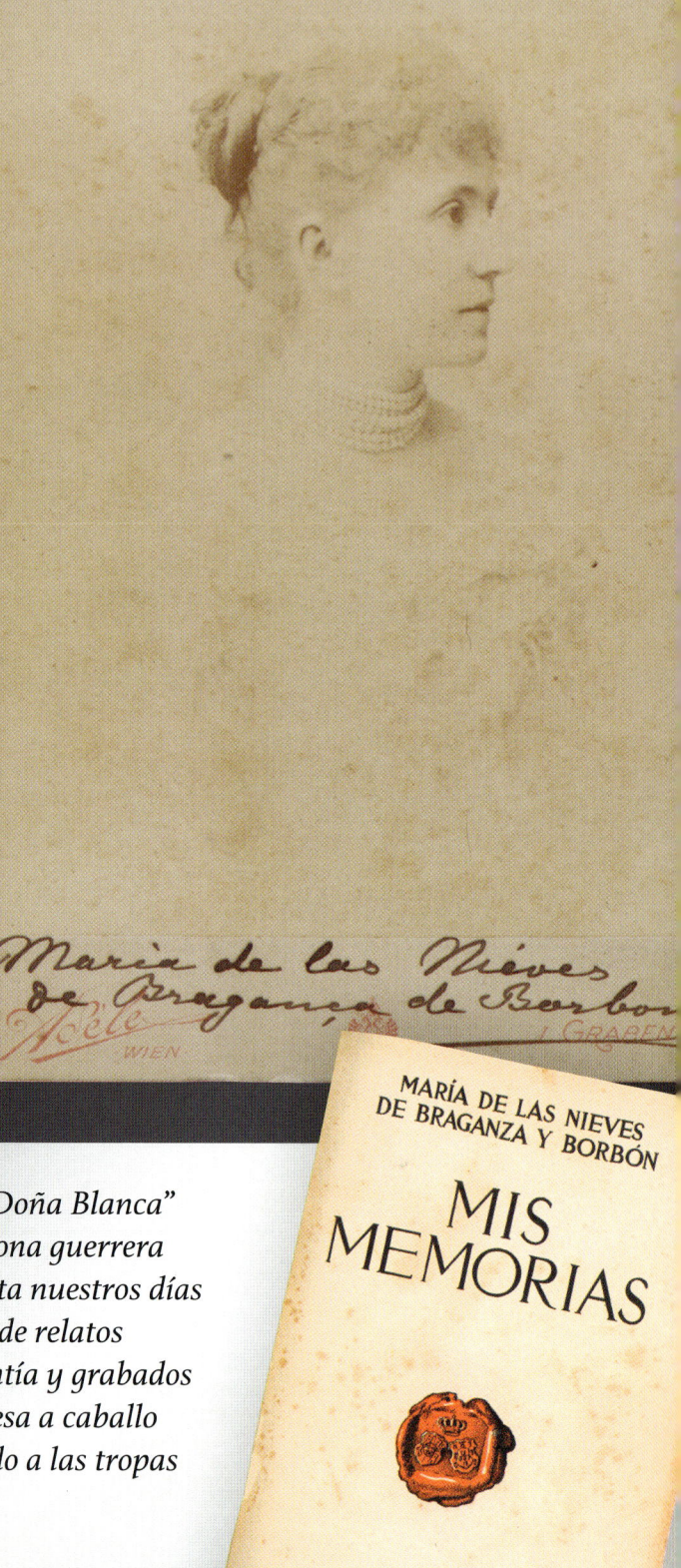

María de las Nieves de Braganza fue la esposa del último pretendiente carlista descendiente directo de Carlos V. Hija de Miguel de Braganza, hermano de la princesa de Beira, y pretendiente legitimista al trono de Portugal.

Casada en 1871 con Alfonso Carlos de Borbón y Austria-Este, se hallaban de viaje de novios en Malta cuando su esposo recibió una carta de su hermano, Carlos VII, solicitando su presencia en España. Este había iniciado ya las acciones que desencadenarían la segunda guerra carlista y precisaba de Alfonso para hacerse cargo del ejército de Cataluña.

La princesa portuguesa viajó con su marido al sur de Francia donde fue retenida por indicación de su cuñado, impidiéndole la entrada en España junto a su marido. Gracias a la intercesión de Margarita de Borbón Parma, María de las Nieves acompañó al ejército durante los tres primeros años de la guerra.

Ella misma contó en el libro *Mis memorias sobre nuestra campaña en Cataluña en 1872 y 1873 y en el centro en 1874*, publicado medio siglo después, su periplo durante la guerra: la percepción de todas las miserias que conlleva un conflicto, las pérdidas personales, la necesidad constante de fondos, las desavenencias ente los altos mandos o la dura vida del soldado que ella misma compartía.

El mito de "Doña Blanca" como amazona guerrera ha llegado hasta nuestros días a través de relatos sobre su valentía y grabados de la princesa a caballo acompañando a las tropas. Esta imagen no se corresponde exactamente con la que ella misma narra en sus memorias, donde indica que no entró en combate y no tuvo poder decisivo en el ejército, siendo sus tareas la logística e intendencia.

El mito de "Doña Blanca" como amazona guerrera ha llegado hasta nuestros días a través de relatos sobre su valentía y grabados de la princesa a caballo acompañando a las tropas

"Zuria andrearen" mitoa

Maria das Neves Bragantzakoa Karlos V.aren ondorengo azken erregegai karlistaren emaztea izan zen. Halaber, Miguel Bragantzakoaren alaba zen, zeina Beirako printzesaren neba baitzen, eta Portugalgo tronurako erregegai legitimista.

1871n, Alfontso Karlos Borboikoa eta Austria-Estekoarekin ezkondu zen. Maltan eztei-bidaian zeudela, senarrak bere anaia Karlos VII.aren gutun bat jaso zuen, Espainiara joateko eskatuz. Karlos VII.ak hasiak zituen Bigarren Gerra Karlista piztuko zuten ekintzak, eta anaia Alfontsoren premia zuen Kataluniako armadaz arduratzeko.

Printzesa portugaldarra senarrarekin joan zen Frantzia hegoaldera, eta, han, atxiki egin zuten, koinatuak hala aginduta. Galarazi egin zion senarrarekin batera Espainian sartzea. Margarita Borboi-Parmakoaren bitartekaritzari esker, Maria das Nevesek armadari lagundu zion gerraren lehen hiru urteetan.

Berak kontatu zituen gerran bizitako gorabeherak, *Mis memorias sobre nuestra campaña en Cataluña en 1872 y 1873 y en el centro en 1874* liburuan, zeina mende erdi geroago argitaratu baitzuten: gatazkek eragiten duten miseria guztien pertzepzioa, galera pertsonalak, etengabeko funts-premia, goi-agintarien arteko desadostasunak edo soldaduaren bizitza gogorra, berak ere jasaten zuena.

Gure egunetara arte iritsi da "Zuria andrea" amazona gerlariaren mitoa, dela haren ausardiari buruzko kontakizunen bidez, dela zenbait grabaturen bidez, zeinetan zaldi gainean ageri baita printzesa, tropei laguntzen

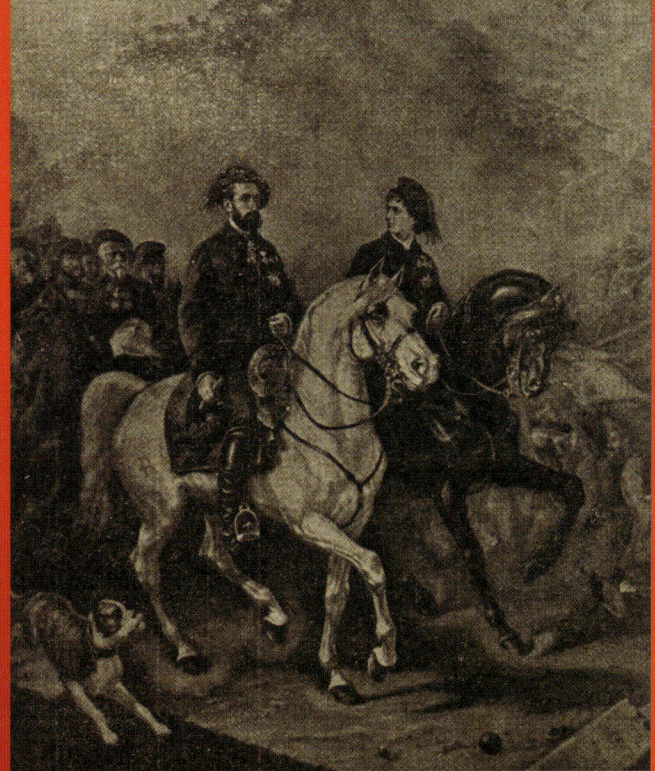

Don Alfonso Carlos de Borbón y de Austria-Este y Doña Maria de las Nieves de Braganza y Borbón en la toma de Cuenca el 16 de octubre de 1873. (Cuadro de Alejandro de la Roche)

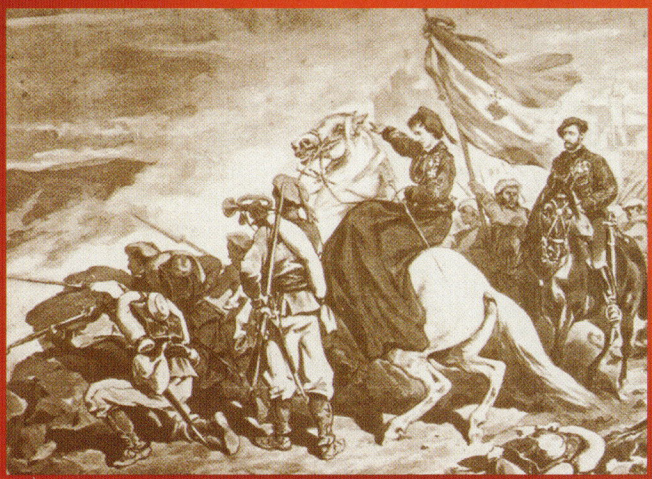

Gure egunetara arte iritsi da "Zuria andrea" amazona gerlariaren mitoa, dela haren ausardiari buruzko kontakizunen bidez, dela zenbait grabaturen bidez, zeinetan zaldi gainean ageri baita printzesa, tropei laguntzen. Irudi hori ez dator bat berak bere memorietan kontatzen duenarekin, adierazten baitu ez zela borrokatu eta ez zuela izan indar erabakigarririk armadan, baizik eta logistikan eta intendentzian aritu zela.

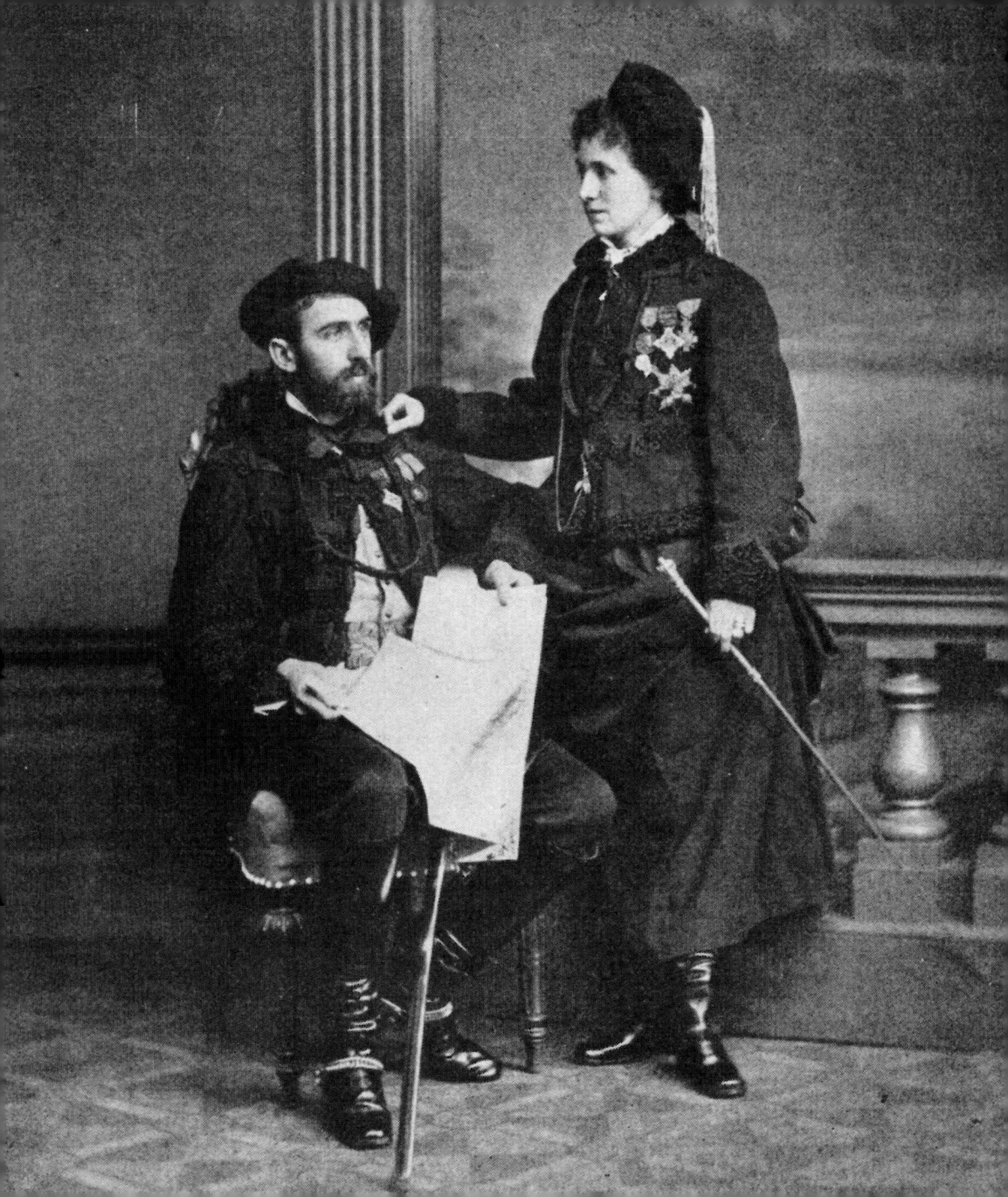

En 1874, tras la toma de Cuenca por el ejército carlista, María de la Nieves y Alfonso Carlos volvieron a Austria, desvinculándose de la guerra. En los años posteriores, el matrimonio viajó por todo el mundo y entraron en España de incógnito en varias ocasiones, como reflejan los diarios de viaje de la princesa.

Durante la Primera Guerra Mundial, María de las Nieves puso en funcionamiento y dirigió personalmente un hospital de sangre destinado a los soldados heridos en su residencia austriaca.

En 1931, tras el fallecimiento de Jaime III, hijo de Carlos VII, Alfonso Carlos de Borbón adquirió la condición de pretendiente al trono de España y el matrimonio retomó su compromiso con la causa carlista.

Alfonso falleció en septiembre de 1936, ya iniciada la guerra civil española, sin descendencia, abriendo un nuevo periodo de inestabilidad sucesoria. Será María de las Nieves de Braganza quien, valiéndose del principio de doble legitimidad promulgado por la princesa de Beira, otorgue el derecho como sucesor legítimo a Francisco Javier de Borbón Parma, su sobrino, a quién Alfonso Carlos ya había nombrado príncipe regente.

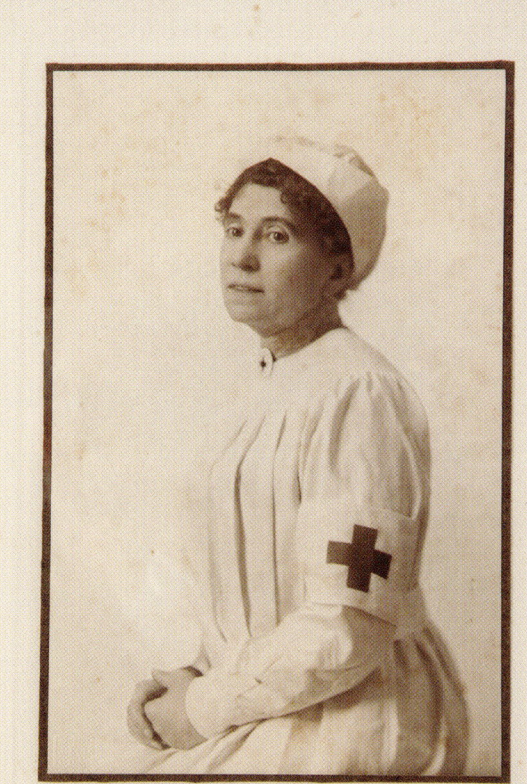

a nuestro querido amigo el
Marque de Vessolla
Su afectisima Maria de las Nieves
de Bragança de Borbon

1874an, armada karlistak Cuenca hartu ondoren, Maria das Neves eta Alfontso Karlos Austriara itzuli ziren, eta aldendu egin ziren gerratik. Ondorengo urteetan, senar-emazteek mundu osoan barna bidaiatu zuten, eta behin baino gehiagotan sartu ziren Espainian, printzesaren bidaia-egunkarietan jasota dagoenez.

Lehen Mundu Gerran, Maria das Nevesek odol-ospitale bat abiarazi zuen Austriako egoitzan zauritutako soldaduentzat, baita pertsonalki zuzendu ere.

1931n, Karlos VII.aren seme Jaime III.a hil ondoren, Alfontso Karlos Austria-Estekoa bihurtu zen Espainiako tronurako erregegai, eta senar-emazteek berriro heldu zioten kausa karlistaren aldeko konpromisoari.

Alfontso Karlos 1936ko irailean hil zen, Espainiako Gerra Zibila hasita zegoela. Ez zuen seme-alabarik, eta beste ezegonkortasun-aldi bat etorri zen oinordekotzan. Maria das Neves Bragantzakoak, Beirako printzesak aldarrikaturiko legitimitate bikoitzaren printzipioaz baliatuz, bere iloba Xabier Borboi-Parmakoa izendatu zuen oinordeko legitimo. Hura bera printze erregeorde izendatua zuen Alfontso Karlosek berak.

6

Mujeres carlistas en la esfera pública

Finalizada la última guerra carlista, el movimiento abandonó las armas y se centró en su labor política. Durante el periodo de la Restauración, el carlismo protagonizó enfrentamientos ideológicos internos que provocaron dos cismas: integrista y mellista.

En 1919, se creará la Asociación de Margaritas de Pamplona, primera entre muchas otras que se multiplican en las zonas de raigambre carlista al amparo de los círculos. Su continuidad en el tiempo y el papel que desempeñó este tejido asociativo se demuestra con el dato de que en 1936 la organización contaba con más de 23.000 socias.

En el año 1931 el tradicionalismo se encontraba dividido en varias corrientes, pero todas ellas convergieron tras la proclamación de la Segunda República, fortaleciendo a la Comunión Tradicionalista al ver atacado su principal valor, la religión, dado que la constitución de 1931 proclamaba la separación entre la Iglesia y el Estado.

Será el reconocimiento de derechos de las mujeres y su condición de ciudadanas lo que permita que durante este periodo las mujeres carlistas entren en la esfera pública para defender su lugar en la sociedad como "ángeles del hogar", transmisoras de los valores tradicionales e impulsoras de la educación católica.

La República en 1931 trajo consigo el derecho al voto femenino y la irrupción de la mujer en la representación política. Las carlistas no fueron una excepción, y surgió entre ellas la figura de la propagandista. Mujeres jóvenes de familias tradicionalistas, solteras y formadas que veían fuera del hogar una posibilidad de servir a su país. Entre ellas destacan Clinia Cabañas, María Josefa Alegría, Carmen Villanueva o Dolores Baleztena.

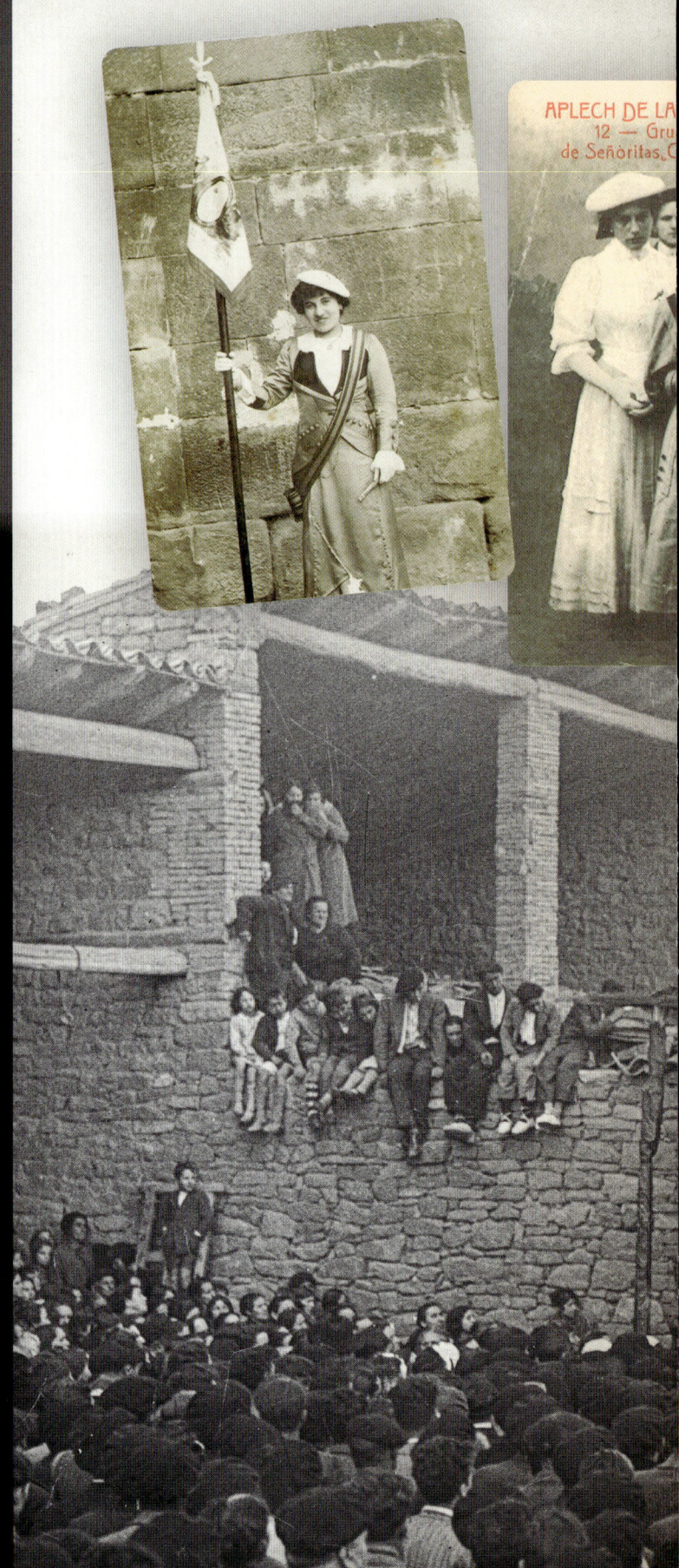

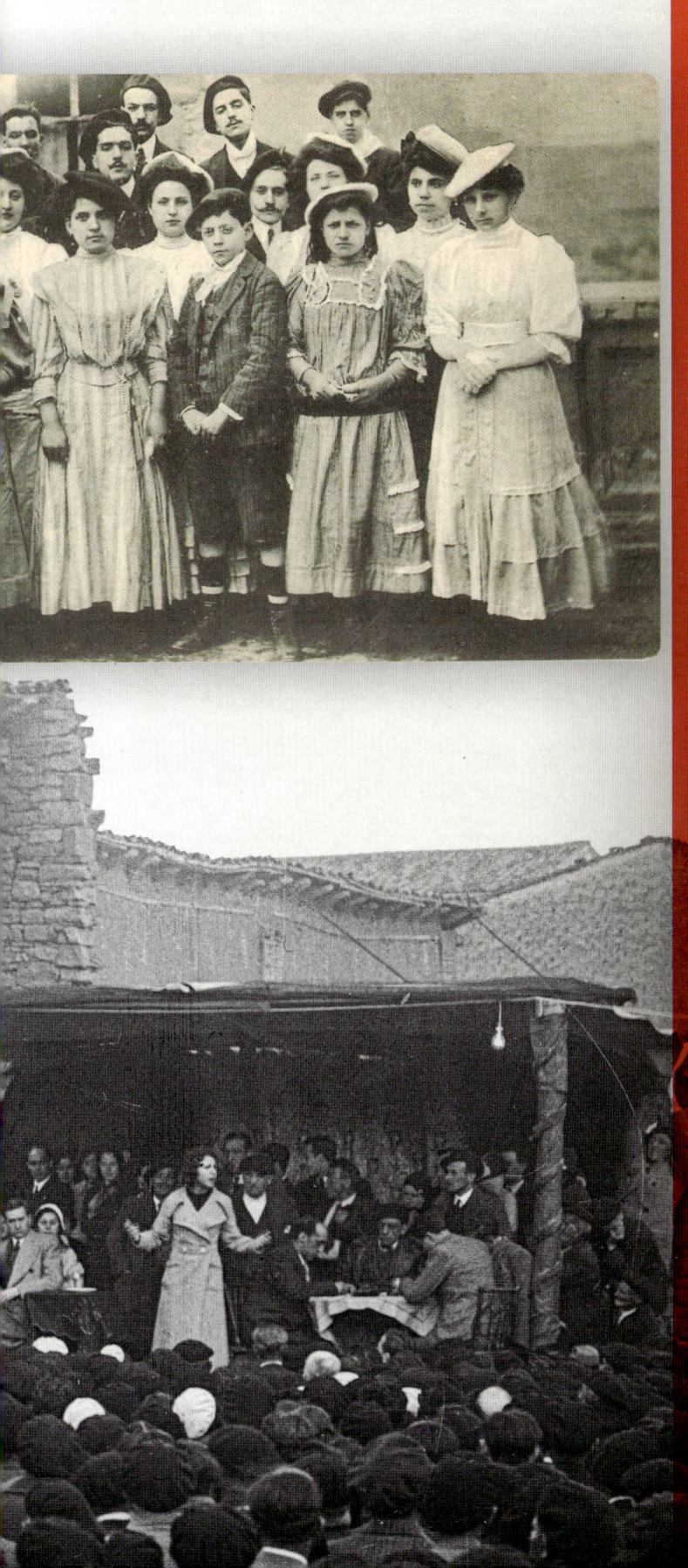

Emakume karlistak alor publikoan

Azken gerra karlista amaitu ondotik, mugimenduak armak utzi eta politikagintzari ekin zion. Berrezartze garaian, karlismoak izan zuen barne-liskar ideologikorik, eta, zisma baten ondotik, bitan banatu ziren: integristak eta mellistak.

1919an, Iruñeko Margariten Elkartea sortu zen; hura izan zen karlisten sustrai-zirkuluen babesean agertu ziren elkarte askotatik lehenbizikoa. Agerikoak dira emakume-elkarte horren sareak denboran izaniko jarraitutasuna eta eginiko lana; izan ere, 23.000 elkartekide baino gehiago zituen 1936an.

1931n, tradizionalismoa zenbait korrontetan banaturik zegoen, baina guztiek bat egin zuten Bigarren Errepublika aldarrikatu ondotik. Hala, Komunio Tradizionalista indartu zuten, mehatxaturik ikusi baitzuten haien balio nagusia; hau da, erlijioa. 1931ko Konstituzioak Elizaren eta Estatuaren arteko banaketa aldarrikatzen baitzuen.

Aldi hartan aitortu ziren emakumeen eskubideak eta haien herritartasuna, eta horri esker barneratu ziren emakume karlistak esparru publikoan, gizartean zuten tokia defendatzeko: "etxeko aingerutzat" zuten beren burua, balio tradizionalak transmititzeko eta hezkuntza katolikoa bultzatzeko arduraduntzat.

1931n, Errepublikak emakumeen boto-eskubidea ekarri zuen, eta orduan hasi ziren emakumeak ordezkaritza politikoan parte hartzen. Karlistak ez ziren izan salbuespen, eta, haien artean, propagandistak sortu ziren. Familia tradizionalistetako emakume gazteak ziren, ezkongabeak eta heziak, etxetik kanpora beren herrialdea defendatzeko aukera ikusten zutenak. Haien artean, nabarmentzekoak dira Clinia Cabañas, María Josefa Alegría, Carmen Villanueva edo Dolores Baleztena.

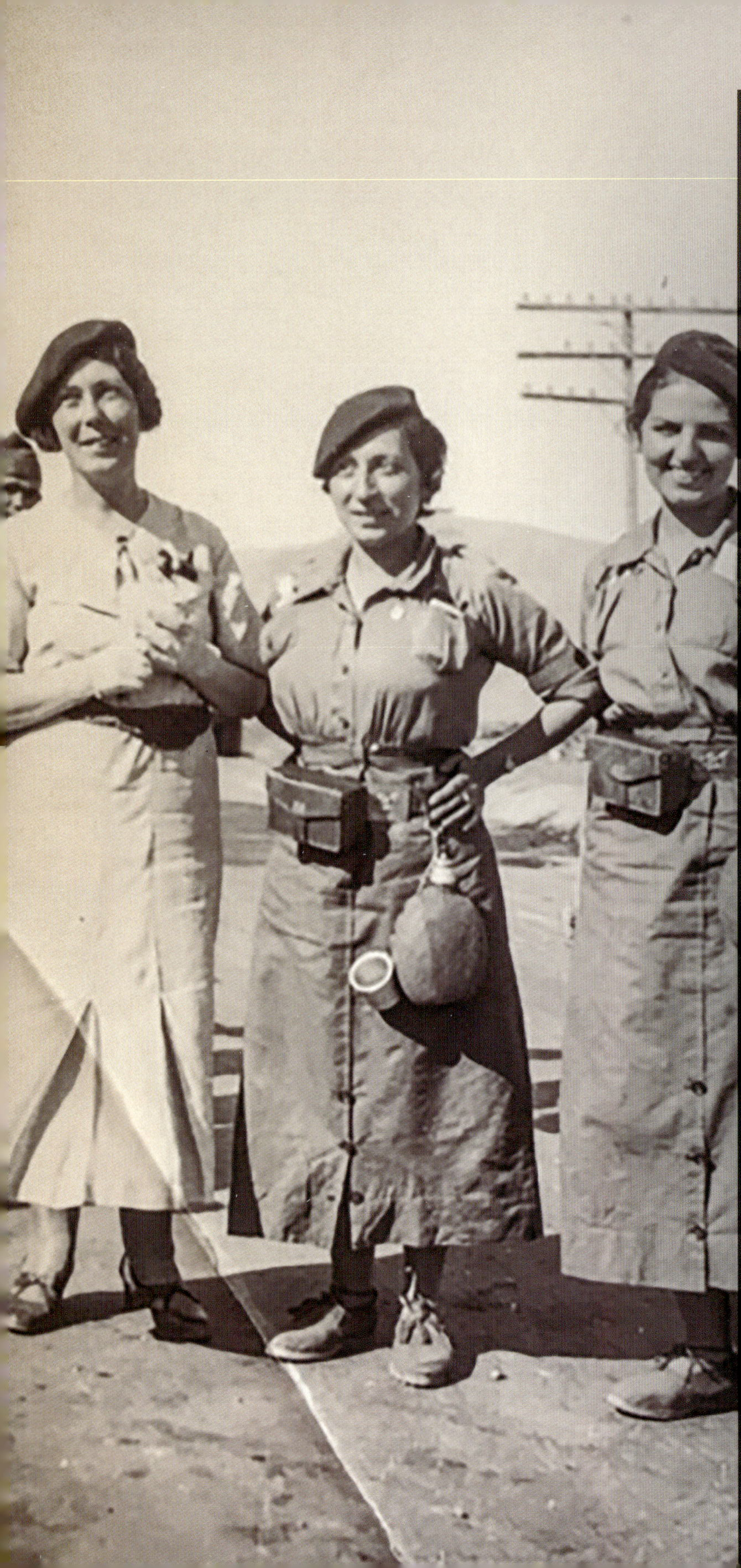

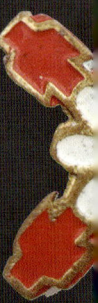

Pero sin ninguna duda, la figura femenina más relevante para el tradicionalismo durante este periodo fue María Rosa Urraca Pastor. Una joven maestra madrileña, asentada en Bilbao, que provenía de Acción Católica y fue instructora de trabajo en Bizkaia, encargada de comprobar el cumplimiento de la legalidad en el trabajo femenino durante la dictadura de Primo de Rivera.

En 1931 ingresó en las filas del tradicionalismo y se dio a conocer a través de sus artículos y mítines por toda la geografía española. Fue bautizada en prensa por Indalecio Prieto como "Miss Cavernícola" por su férreo anti republicanismo. En su discurso defendió la doctrina social del cristianismo y criticó al liberalismo por convertir al trabajador en una máquina.

En 1933 y 1936 se presentó a las elecciones, sin obtener en ninguna de ellas un escaño. La propia María Rosa se quejó de su partido en la correspondencia que mantenía con María de las Nieves de Braganza, por no ser situada en las listas en puestos representativos.

Las asociaciones de margaritas mantuvieron en paralelo su papel como agentes de introducción del ideario carlista en la sociedad. En su reglamento, publicado en 1935, se confiaba a las asociadas una gran cruzada espiritual que debía centrarse en la educación de los hijos, y la difusión y la propaganda de los santos ideales a través de la formación de grupos de estudio en los círculos, escuelas nocturnas para obreros, actividades caritativas a domicilio o en instituciones benéfico-religiosas, entre ellas el Socorro Blanco, institución creada en 1933 con la misión de ayudar a las familias de carlistas que se encontraban en prisión.

Las asociadas tenían tres categorías diferentes: aspirantes, socias y socias honoríficas. Las socias debían cumplir el reglamento y pagar una cuota. A pesar de su importancia las asociaciones quedaban subordinaras a la jerarquía de la Comunión, quedando las mujeres carlistas bajo su tutela y con una autonomía limitada.

Alabaina, aldi hartako tradizionalismoan, María Rosa Urraca Pastor izan zen emakumerik garrantzitsuena. Maistra gazte madrildar hura Bilbon bizi zen. Ekintza Katolikotik zetorren, eta lan-instruktore jardun zuen Bizkaian: Primo de Riveraren diktaduran, arduratzen zen egiaztatzeaz betetzen zela legea emakumeen lanean.

1931n, tradizionalismoarekin bat egin zuen, eta ezagun bihurtu zen idazten zituen artikuluei eta Espainian barna emaniko mitinei esker. Prentsan, "Miss Cavernícola" ezizena paratu zion Indalecio Prietok, errepublikanismoaren aurkako jarrera sutsuagatik. Ematen zituen diskurtsoetan, kristautasunaren doktrina soziala defendatzen zuen, eta kritikatu egiten zuen liberalismoa, langileak makina bihurtzea leporatuta.

1933an eta 1936an, hauteskundeetara aurkeztu zen, eta bietako batean ere ez zuen lortu eserlekurik. Urraca Pastor bera kexu ageri zen Maria das Neves Brangantzakoarekin trukaturiko eskutitzetan, esanez alderdiak ez zuela paratzen ordezkaritza-postuetan.

Margariten elkarteek, aldi berean, jarraitu egin zuten ideia karlistak gizartean txertatzeko eragile gisa. 1935ean argitaratutako erregelamenduan, elkartekideei gurutzada espiritual handi bat ematen zitzaien, honako ardatz hauekin: seme-alabak heztea; santu idealak zabaltzea eta haien propaganda egitea, zirkuluetan ikasketa-taldeak antolatuz; langileendako gau-eskolak; eta karitate-jarduerak etxeetan edo erlijio- edo ongintza-erakundeetan —eta, horien artean, Socorro Blanco erakundean, zeina 1933an sortu baitzuten, espetxeratuta zeuden karlisten familiei laguntzeko—.

Elkartekideek hiru kategoria zituzten: izangaiak, bazkideak eta ohorezko bazkideak. Bazkideek erregelamendua bete behar zuten, eta kuota bat ordaindu. Emakumeon garrantzia gorabehera, Komunioko hierarkiaz azpitik zeuden; emakume karlistak, hortaz, haien zaintzapean geratzen ziren, autonomia mugatuarekin.

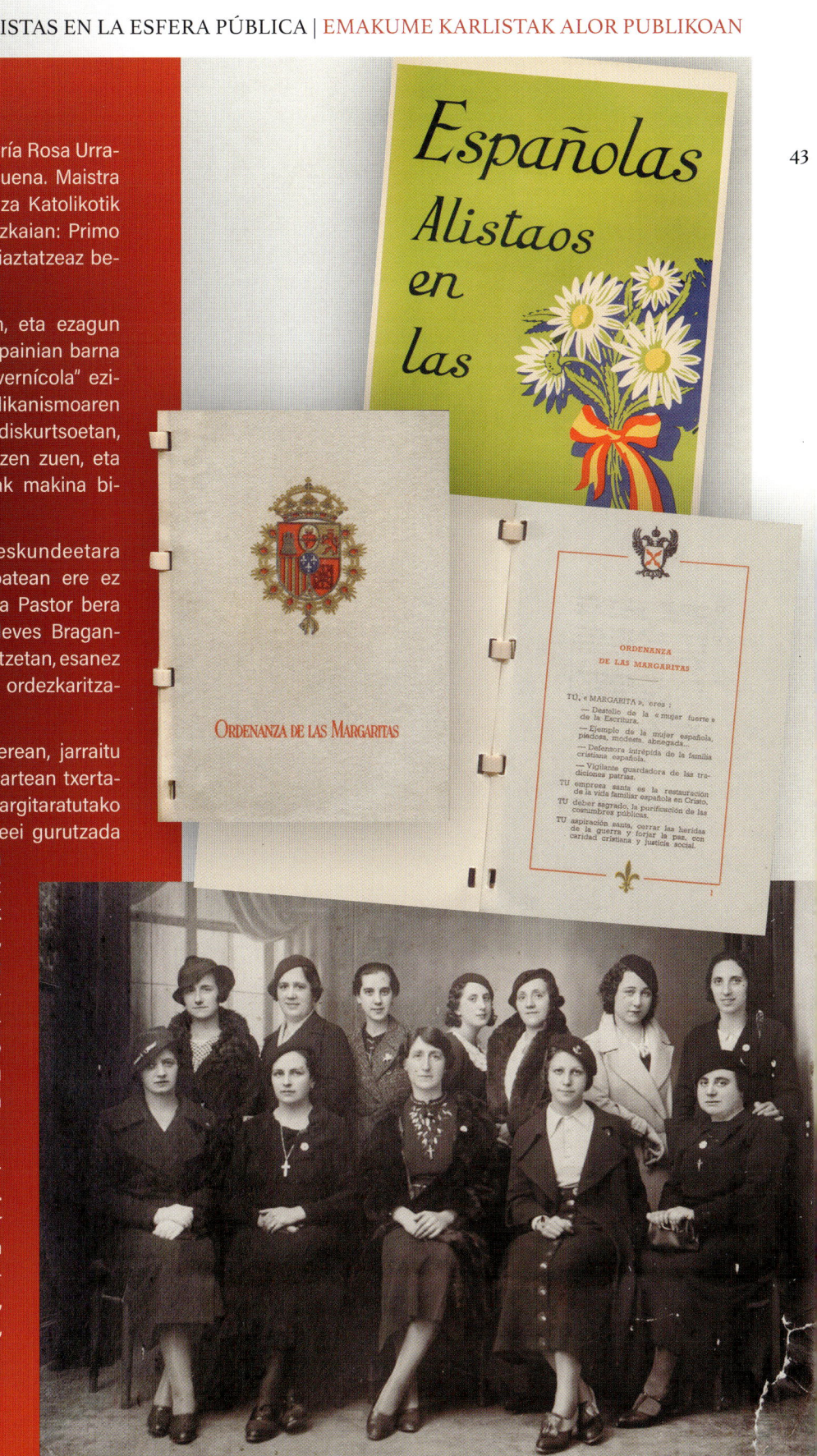

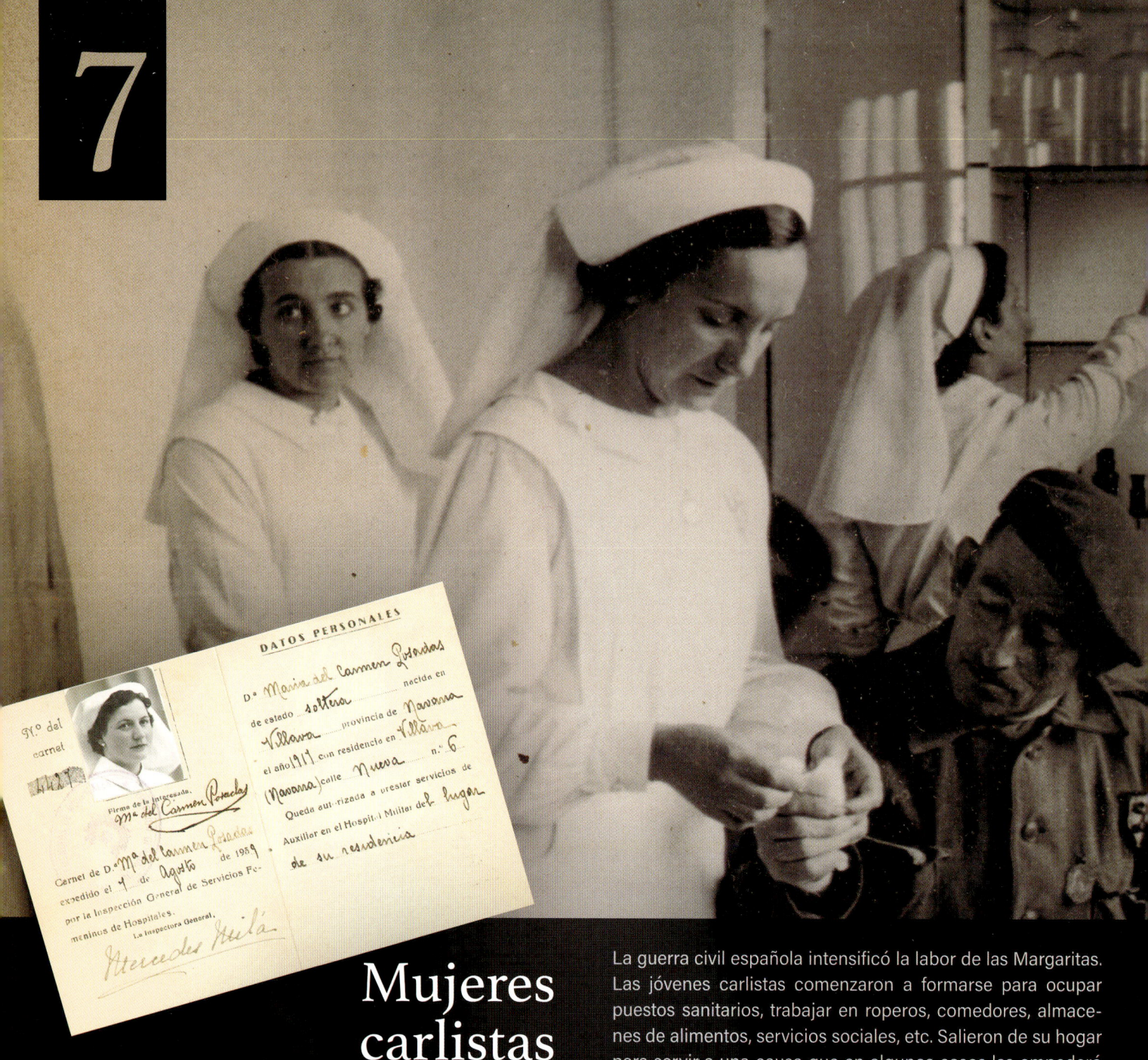

7

Mujeres carlistas en la guerra civil española

La guerra civil española intensificó la labor de las Margaritas. Las jóvenes carlistas comenzaron a formarse para ocupar puestos sanitarios, trabajar en roperos, comedores, almacenes de alimentos, servicios sociales, etc. Salieron de su hogar para servir a una causa que en algunos casos las empoderó para ejercer una profesión que continuarían finalizada la contienda.

Un ejemplo a resaltar fue el impulso que dio en 1936 la delegación de sanidad de la Junta Central de Guerra de Navarra a los cursos de enfermería que servían a las alumnas para colaborar con instituciones sanitarias, siendo el buque insignia en Navarra el Hospital Alfonso Carlos de Pamplona.

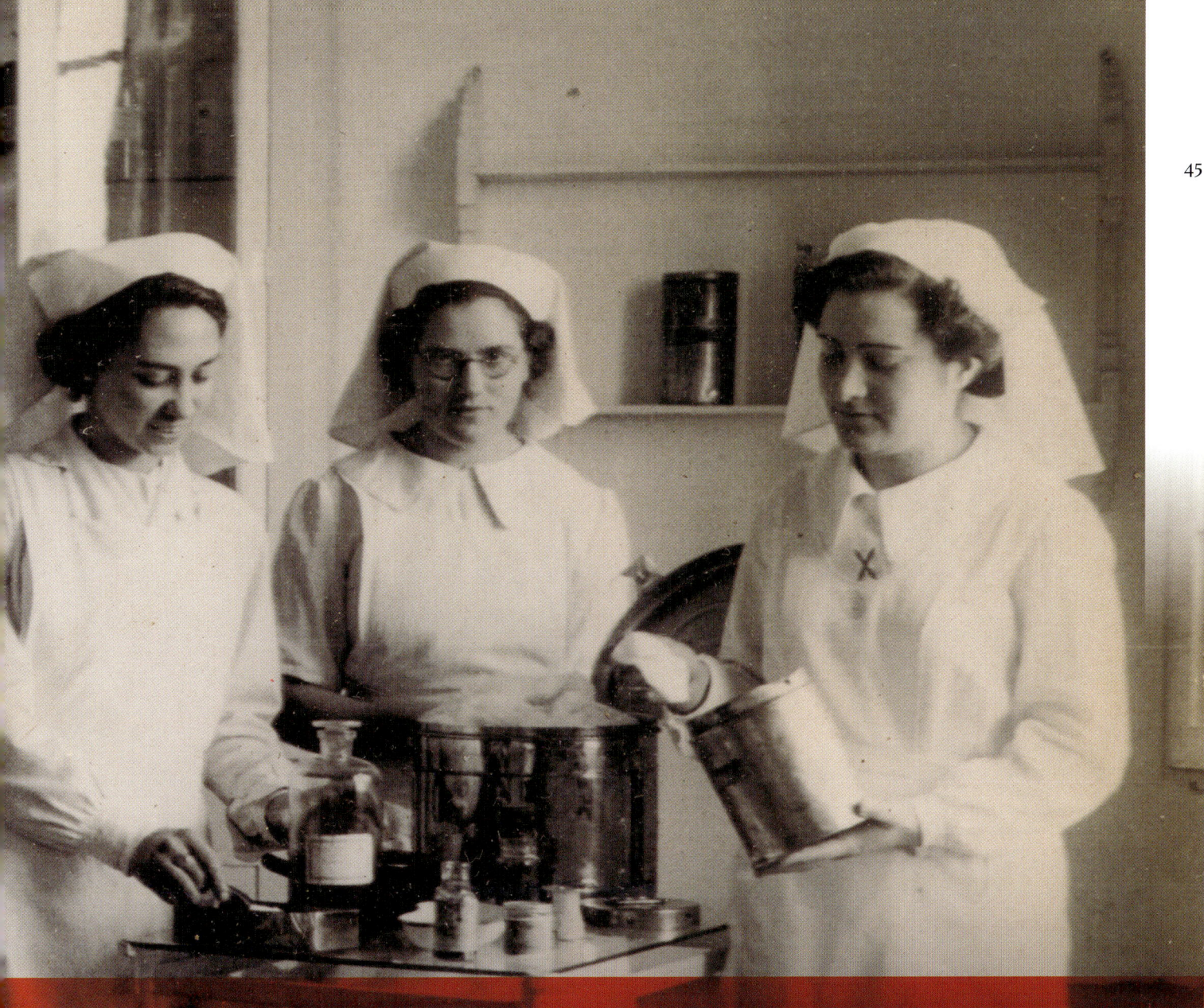

Emakume karlistak Espainiako Gerra Zibilean

Espainiako Gerra Zibilak areagotu egin zuen Margariten lana. Emakumezko karlista gazteek ikasteari ekin zioten, besteak beste, osasun-postuetan, jantzitegietan, jantokietan, elikagai-biltegietan, gizarte-zerbitzuetan eta halakoetan aritzeko. Etxetik atera, eta kausa bat defendatzen hasi ziren; eta kausa hark, batzuetan, ahaldundu egin zituen, gerra amaitu ondotik ere ogibide hartan jarraitzeko.

Ildo horretan, bada nabarmendu beharreko adibide bat. 1936an, Nafarroako Gerra Batzorde Zentralaren osasun ordezkaritzak erizaintza-ikastaroak bultzatu zituen, eta, trebakuntza-saio haien bidez, emakumezko ikasleak lankide-tzan hasi ziren osasun-erakundeekin. Iruñeko Alfonso Carlos ospitalea izan zen Nafarroako bandera-ontzia.

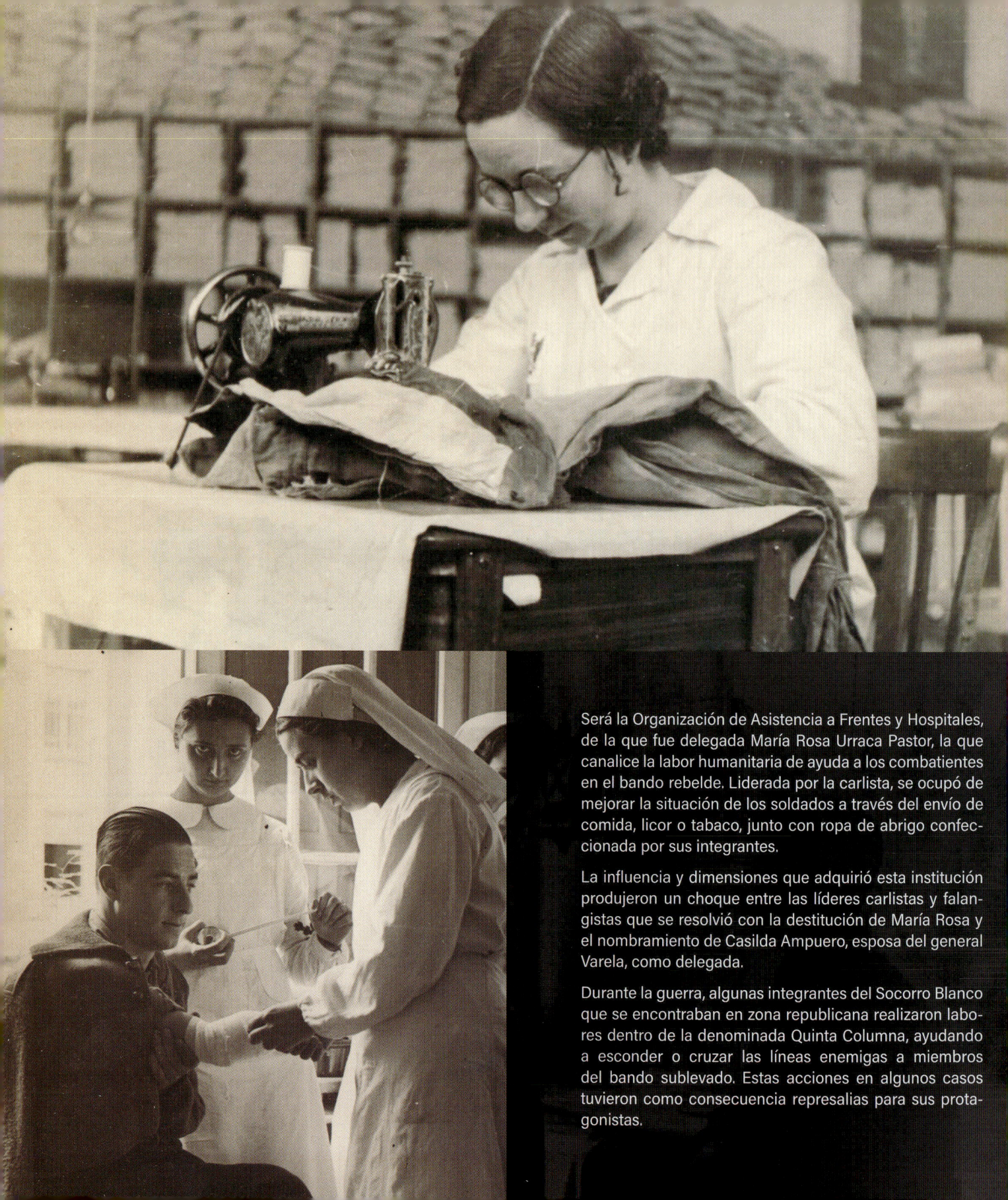

Será la Organización de Asistencia a Frentes y Hospitales, de la que fue delegada María Rosa Urraca Pastor, la que canalice la labor humanitaria de ayuda a los combatientes en el bando rebelde. Liderada por la carlista, se ocupó de mejorar la situación de los soldados a través del envío de comida, licor o tabaco, junto con ropa de abrigo confeccionada por sus integrantes.

La influencia y dimensiones que adquirió esta institución produjeron un choque entre las líderes carlistas y falangistas que se resolvió con la destitución de María Rosa y el nombramiento de Casilda Ampuero, esposa del general Varela, como delegada.

Durante la guerra, algunas integrantes del Socorro Blanco que se encontraban en zona republicana realizaron labores dentro de la denominada Quinta Columna, ayudando a esconder o cruzar las líneas enemigas a miembros del bando sublevado. Estas acciones en algunos casos tuvieron como consecuencia represalias para sus protagonistas.

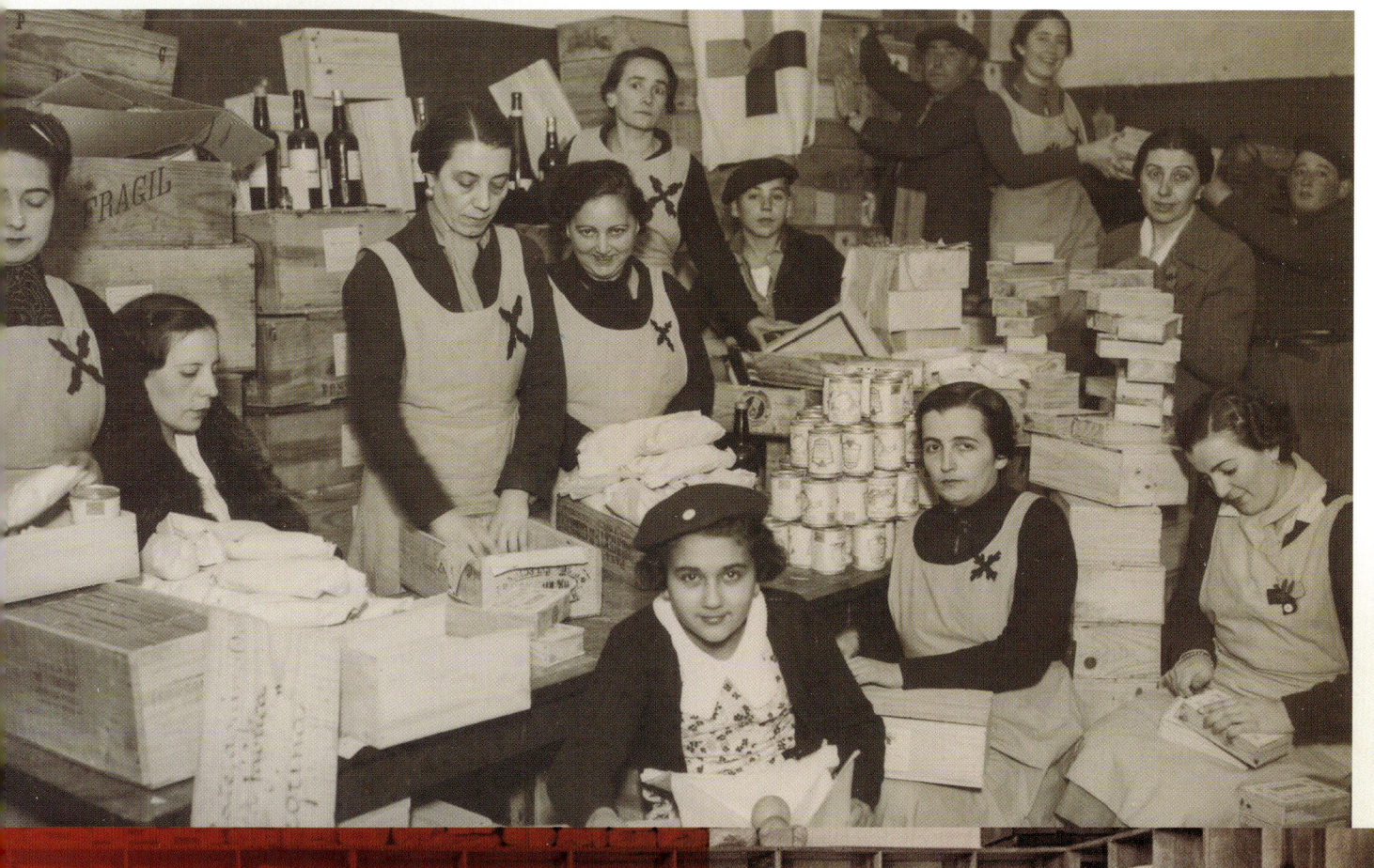

Errebeldeen aldeko borrokalariei laguntzeko lan humanitarioa María Rosa Urraca Pastorrek ordezkaturiko Fronteei eta Ospitaleei Laguntzeko Erakundeak bideratu zuen. Urraca Pastor buru zuela, soldaduen egoera hobetzeaz arduratu zen erakunde hura, eta janaria, likorea edo tabakoa bidaltzen zizkieten, baita kideek josEitako berokiak ere.

Erakunde hark eskuratutako eragina eta dimentsioa ikusirik, ika-mika piztu zen emakume buruzagi karlisten eta falangisten artean, eta, azkenean, Urraca Pastor ordezkari-kargutik kendu eta Casilda Ampuero izendatu zuten —Varela jeneralaren emaztea, alegia—.

Gerra-garaian, bando errepublikanoan zeuden Socorro Blancoko zenbait kidek lanean jardun zuten bosgarren zutabe deiturikoaren barnean, eta laguntza eskaintzen zieten matxinatutako bandoko kideei, dela aurkarietatik ezkutatzeko, dela etsaien lerroak gurutzatzeko. Ekintza horiek, kasu batzuetan, errepresaliak ekarri zizkieten protagonistei.

En este punto en nuestro recorrido, volvemos a detenernos ante tres obras de arte presentes en nuestra sala. Es el denominado "Tríptico del requeté" de Gustavo de Maeztu.

En estas pinturas, el artista representa tres momentos de la contienda: *Despedida del requeté, Con este signo venceré* y *Vuelta de la guerra*. Los cuadros nos permiten acercarnos a la imagen ideal de la mujer carlista en la retaguardia encar-nando su rol de esposa y madre. El tríptico entronca con el uniforme del requeté situando a la madre, esposa, hermana o novia como una figura que espera, transmite su creencia a través del detente bala, consuela, anima y apoya a través de la correspondencia, convirtiéndose en madrina de guerra, y respalda al soldado en la que para el carlismo era una *cruzada* enorgulleciéndose, si se da el caso, de contar en la familia con un mártir de la causa.

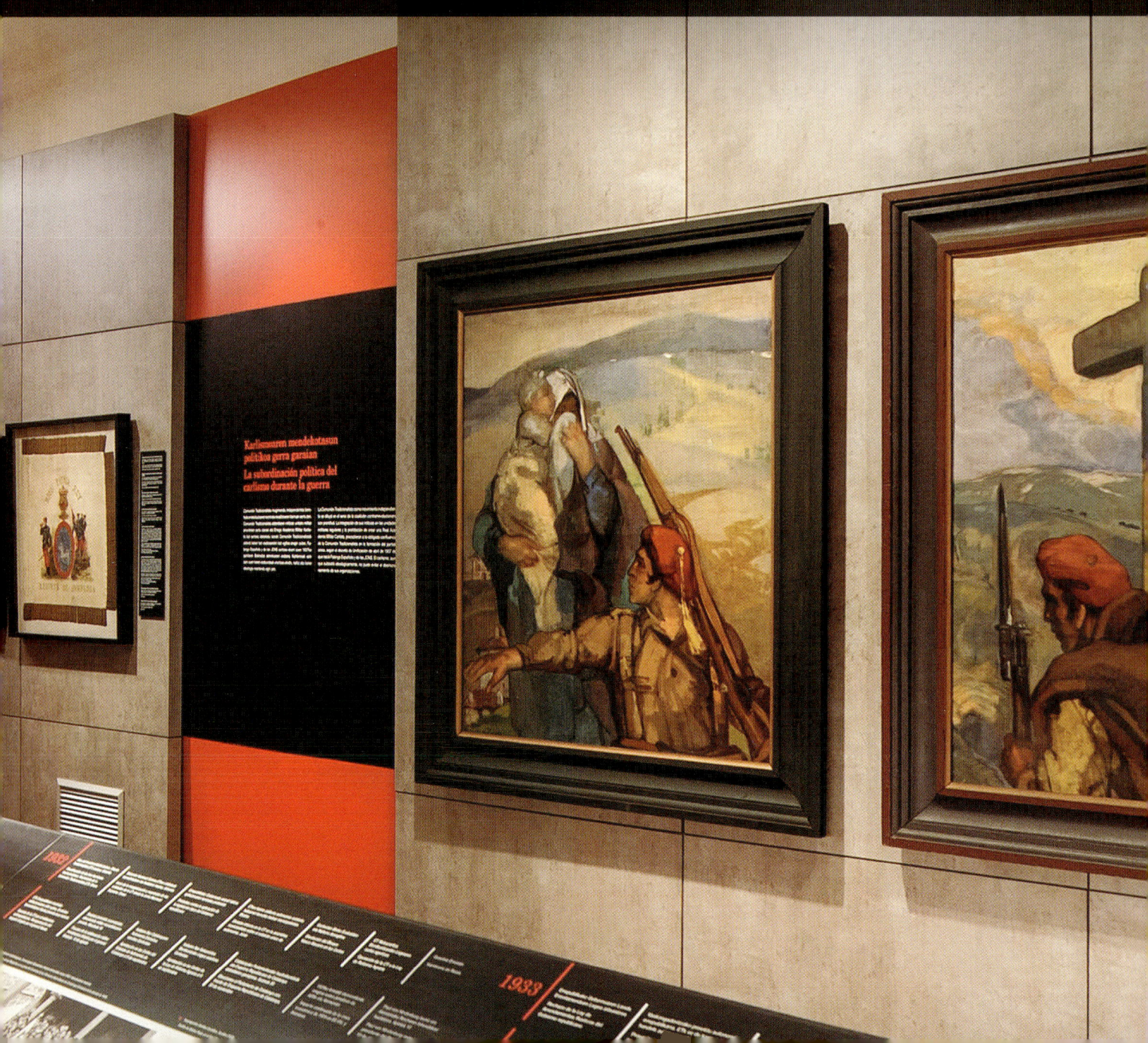

Gure ibilbidearen puntu honetan, aretoan ditugun hiru artelanen aitzinean geldituko gara berriro. Erreketearen triptikoa da, Gustavo Maezturena.

Margolanotan, gerrako hiru une irudikatzen ditu artistak: *Erreketearen agurra; Ikur honekin, garaile eta Gerratik bueltan*. Koadro horiei esker, emakume karlistaren irudi idealera gerturatzen ahal gara: atzegoardian, emazte- eta ama-rola betez. Triptikoa erreketearen uniformearekin lotzen da, eta

esperoan dagoen figura gisa aurkezten ditu ama, emaztea, arreba edo emaztegaia; haien sinesmena transmititzen dute tente-balarekin; kontsolatu, animatu eta babestu egiten dute, posta-trukearen bidez eta gerrako amabitxi bihurtuz. Era berean, babesa eskaintzen diote soldaduari karlismoak gurutzadatzat hartzen zuen gertaera hartan, eta, kasuak hala eskatzen bazuen, harrotu ere harrotzen ziren, etxean martiri bat izateagatik.

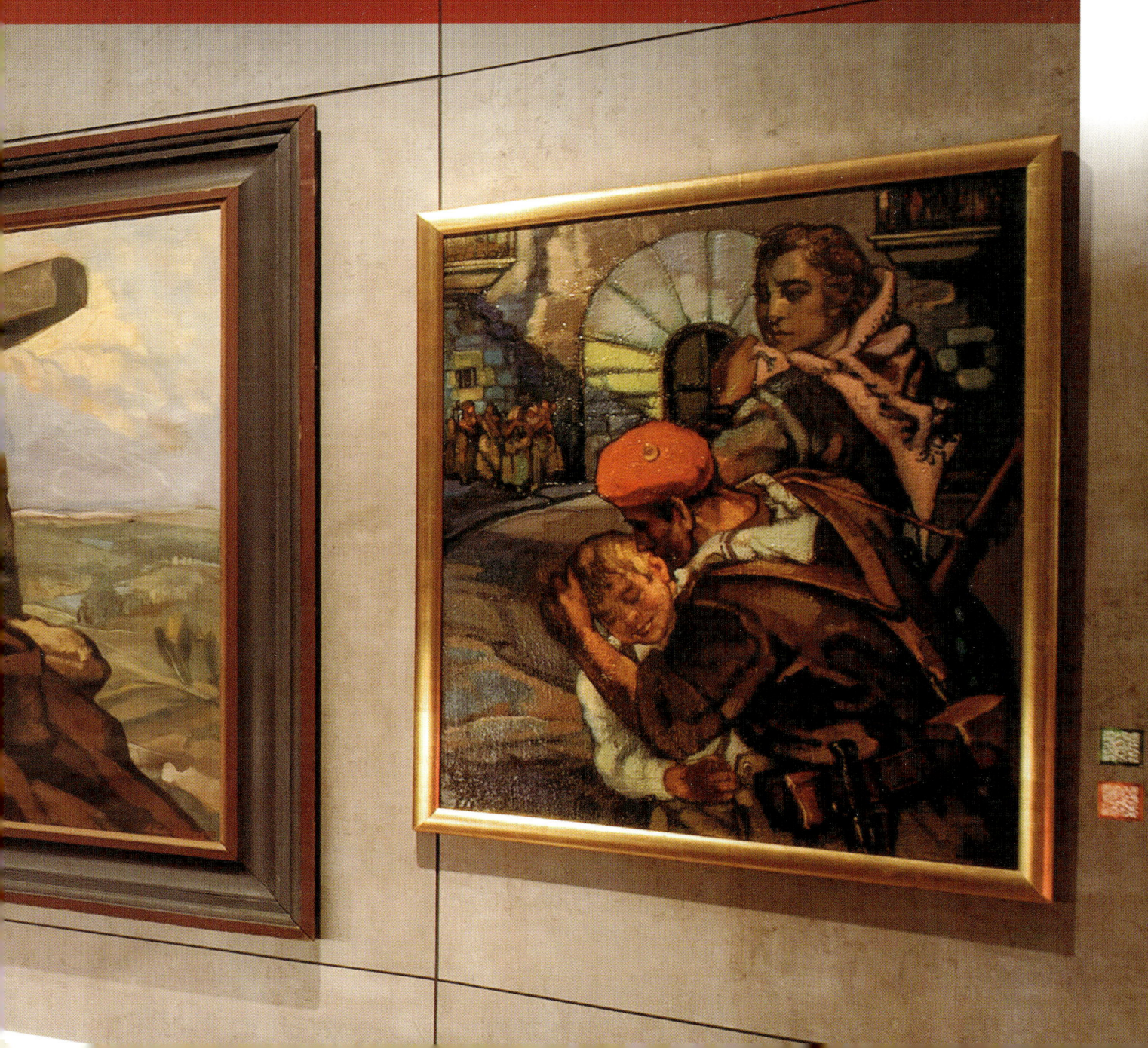

La supervivencia del carlismo en el hogar. Los primeros años del franquismo

Al finalizar la guerra civil española, el carlismo se encontró por primera vez en el bando de los vencedores, pero la unificación de las fuerzas políticas de la facción sublevada en un partido único, FET y de las JONS, que se produjo por decreto en 1937, fue un duro revés para los carlistas.

La Comunión Tradicionalista dejó de tener una entidad política y se vio abocada a pervivir en el régimen manteniendo su resistencia ideológica principalmente en los hogares.

Aquí ofrecemos una frase de una carlista como un sencillo ejemplo de transmisión de la ideología durante este periodo, recogida por el historiador Francisco Javier Caspistegui: "Yo el carlismo lo mamé de la teta de mi madre".

El mismo año 1939, se iniciaron las romerías a Montejurra, conocidas como las romerías de las viudas o de las madres navarras, acto religioso de reconocimiento a los familiares fallecidos en la contienda que fue tolerado por el régimen.

En septiembre de 1936 falleció en Viena Alfonso Carlos de Borbón, último descendiente directo de Carlos V, poniendo sobre la mesa nuevamente la cuestión sucesoria. Surgen tres opciones en diferentes ramas dinásticas y en dos de ellas la mujer será nuevamente un impedimento para el reconocimiento de la legitimidad.

Los juanistas reniegan de los derechos dinásticos de Isabel II basando la legitimidad de Juan de Borbón, padre de Juan Carlos I, como descendiente de Francisco de Asís.

Los carloctavistas, sustentan las reivindicaciones dinásticas en los derechos de los descendientes de Blanca de Borbón, hija mayor de Carlos VII. Ella no puede reinar, pero es considerada con capacidad para transmitir derechos.

Será la línea javierista, respaldada por María de las Nieves, que recurre al principio de doble legitimidad, la que obtiene un apoyo mayoritario en la figura del príncipe regente Francisco Javier de Borbón-Parma.

Finalmente, la pérdida de derechos para la mujer que supuso el régimen franquista se ejemplifica en el caso de la negación de la patria potestad a Christa Satzger, esposa del pretendiente carloctavista, quien durante la Segunda Guerra Mundial se trasladó junto con su familia y se instaló en España. El matrimonio, que convivió durante unos años en Cataluña, se divorció legalmente en Austria, su país de origen. Sus dos hijas, Inmaculada y Alejandra, quedaron bajo la tutela paterna en Barcelona. Al fallecer Carlos VIII en 1953, el estado español no reconoció en la tutela de las menores los derechos de la madre, a quien no permitían acceder al país al considerarla bígama por volver a casarse sin fallecer su primer marido. Las dos hijas del matrimonio permanecieron en España hasta su mayoría de edad al amparo de una comisión de tutela formada por carlistas cercanos y miembros de la familia del pretendiente.

Karlismoaren iraupena etxean. Frankismoaren lehen urteak

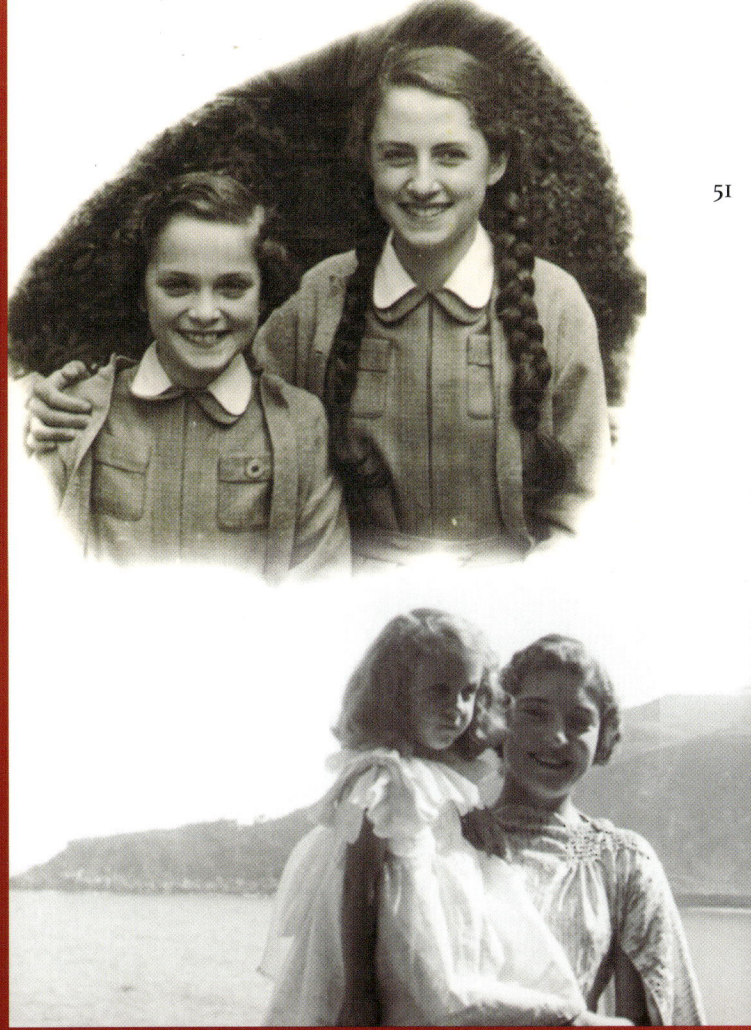

Espainiako Gerra Zibila amaitzean, karlismoa lehenbizikoz izan zen garaileen artean. Baina 1937ko dekretu batek alderdi bakarrean elkartu zituen bando matxinatuko indar politiko guztiak. Hala sortu zen FET y de las JONS. Hori zorigaitz handia izan zen karlistentzat.

Komunio Tradizionalistak utzi egin zion entitate politiko izateari, eta erregimenean irautera beharturik egon zen: etxeetan eutsi zioten batez ere karlisten erresistentzia ideologikoari.

Francisco Javier Caspistegui historialariak jasotako eta emakukme karlista batek botatako esaldi honek ederki erakusten du zer-nola transmititzen zen ideologia garai hartan: Nik amaren bularretik jaso nuen karlismoa.

1939an, Jurramendiko erromeriak hasi ziren, Nafarroako alargunen edo amen erromeriak, alegia. Gerran hildako senideak aitortzeko ekitaldi erlijiosoak ziren, eta erregimenak onartu zituen.

1936ko azaroan, Alfontso Karlos Borboikoa hil zen Vienan. Hura zen Karlos V.aren azken ondorengo zuzena, eta mahai gainean paratu zuen berriro ere oinordekotzaren auzia. Hiru aukera sortu ziren zenbait adar dinastikotan, eta, horietako bitan, berriro ere oztopo izanen da emakumea legitimatea aitortzeko.

Joanen aldekoek uko egiten diete Isabel II.aren eskubide dinastikoei, eta Joan Borboikoaren legitimitatea hartzen dute oinarri —Joan Karlos I.aren aitarena— Frantzisko Asiskoaren ondorengo gisa.

Karloktabismoaren aldekoek, berriz, Zuria Borboikoaren seme-alaben ondorengoen eskubideetan oinarritzen zituzten aldarrikapen dinastikoak. Zuria Borboikoa Karlos VII.aren alaba zaharrena zen. Zuriak berak ezin zuen gobernatu, baina gai jotzen zuten eskubideak transmititzeko.

Maria das Neves Bragantzakoak babesturiko lerroak eta legitimitate bikoitzaren alde egiten duenak eskuratuko du gehiengoen babesa, eta Xabier Borboi-Parmakoa joko dute printze erregegai.

Azkenik, erregimen frankistak emakumearen eskubideak galtzea ekarri zuen. Horren adibidetzat hartzen ahal dugu Christa Satzgerri guraso-ahala ukatu izana. Satzger erregegai karloktabistaren emaztea zen, zeinak Espainiara etorri baitziren bizitzera Bigarren Mundu Gerran. Senar-emazteak zenbait urtez bizi izan ziren Katalunia aldean, eta legez dibortziatu ziren haien sorterrian —Austrian, alegia—. Bi alabak, Inmaculada eta Alejandra, aitaren babespean geratu ziren Bartzelonan. 1953an Karlos VIII.a hil zenean, Espainiako Estatuak ez zituen onartu amaren eskubideak adingabeen tutore izateko. Ez zioten uzten Espainian sartzen; izan ere, bigamotzat jotzen zuten, lehenbiziko senarra hil gabe berriro ezkontzea leporatuta. Bi alabak Espainian bizi izan ziren harik eta adindun bihurtu arte. Hurbileko karlistek eta erregegaiaren familiako kideek osatutako tutoretza-batzorde batek zaintzen zituen.

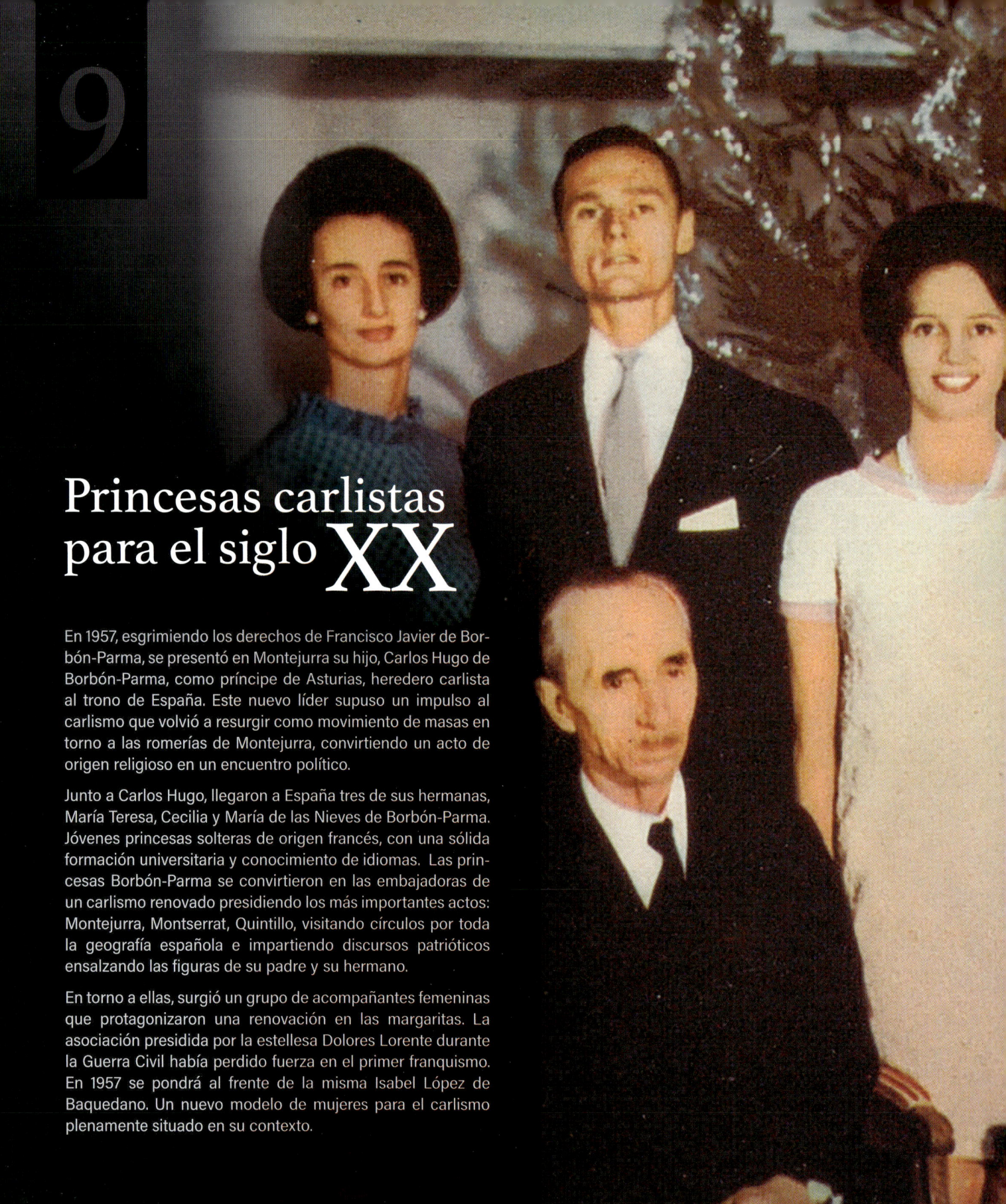

9

Princesas carlistas para el siglo XX

En 1957, esgrimiendo los derechos de Francisco Javier de Borbón-Parma, se presentó en Montejurra su hijo, Carlos Hugo de Borbón-Parma, como príncipe de Asturias, heredero carlista al trono de España. Este nuevo líder supuso un impulso al carlismo que volvió a resurgir como movimiento de masas en torno a las romerías de Montejurra, convirtiendo un acto de origen religioso en un encuentro político.

Junto a Carlos Hugo, llegaron a España tres de sus hermanas, María Teresa, Cecilia y María de las Nieves de Borbón-Parma. Jóvenes princesas solteras de origen francés, con una sólida formación universitaria y conocimiento de idiomas. Las princesas Borbón-Parma se convirtieron en las embajadoras de un carlismo renovado presidiendo los más importantes actos: Montejurra, Montserrat, Quintillo, visitando círculos por toda la geografía española e impartiendo discursos patrióticos ensalzando las figuras de su padre y su hermano.

En torno a ellas, surgió un grupo de acompañantes femeninas que protagonizaron una renovación en las margaritas. La asociación presidida por la estellesa Dolores Lorente durante la Guerra Civil había perdido fuerza en el primer franquismo. En 1957 se pondrá al frente de la misma Isabel López de Baquedano. Un nuevo modelo de mujeres para el carlismo plenamente situado en su contexto.

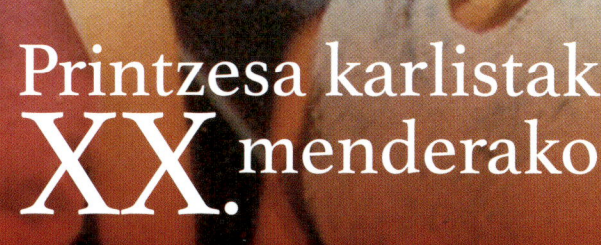

Printzesa karlistak
XX. menderako

1957an, Xabier Borboi-Parmakoaren eskubideak baliatuz, haren seme Karlos Hugo Borboi-Parmakoa Asturiasko printze gisa aurkeztu zen Jurramendin, Espainiako tronurako oinordeko karlista gisa. Buruzagi berri hark beste bultzada bat eman zion karlismoari, zeina masa-mugimendu gisa berpiztu baitzen berriro Jurramendiko erromerien inguruan: ekitaldi erlijioso hura topaketa politiko bihurtu zen.

Karlos Hugorekin batera, haren hiru arreba iritsi ziren Espainiara: Maria Teresa, Zezilia eta Maria de las Nieves Borboi-Parmakoak. Frantses jatorriko printzesa gazteak ziren, ezkongabeak; unibertsitate-prestakuntza sendoa zuten eta hizkuntza bat baino gehiago zekizkiten. Borboi-Parmako printzesak karlismo berrituaren enbaxadore bihurtu ziren, eta mugimenduaren ekitaldi garrantzitsuenen buru: Jurramendi, Montserrat, Quintillo… Espainia osoko zirkuluak bisitatu zituzten, bai eta hitzaldi aberkoiak eman ere, aita zenaren eta nebaren figurak goraipatuz.

Printzesa haien inguruan, emakume laguntzaile talde bat sortu zen, margariten berrikuntza gisa. Elkarte hark Dolores Lorente lizarratarra izan zuen buru Gerra Zibilean, eta indarra galdu zuen frankismoaren lehen aroan. 1957an, Isabel López de Baquedanok hartu zuen elkartearen ardura. Karlismorako emakumeen eredu berri bat, inguruabarretara erabat egokitua.

En diciembre de 1968, el régimen franquista, que ya había definido su opción sucesoria, expulsó de España a la familia Borbón-Parma, acto que precipitó una transformación ideológica en el carlismo. Entre los años 1970 y 1971 surgirá el Partido Carlista, una nueva organización política en clara oposición al régimen de Franco, con un programa político de izquierdas basado en el socialismo, el federalismo y la autogestión. Carlos Hugo, contaba con el respaldo del intenso trabajo realizado por sus hermanas, que en esta nueva etapa intensificaron su labor política.

Cecilia se encargó de la coordinación de las actividades del partido desde su oficina de París y María de las Nieves trabajó en la corrección de textos políticos, pero sin duda fue María Teresa de Borbón la figura femenina más importante de este nuevo movimiento. Desde 1972 será la encargada de las relaciones exteriores del partido, realizando diferentes viajes para contactar con líderes mundiales. Entre ellos asistió en 1973 al Congreso de la Paz de Moscú donde coincidió con Dolores Ibárruri. Su labor como ideóloga del nuevo movimiento y firme defensora de los principios democráticos quedará reflejada en su obra *La clarificación ideológica del Partido Carlista* publicada en Madrid en 1979.

Según ella misma relata, su trabajo en el carlismo fue fruto de una obligación para con España transmitida por su padre.

El papel desempeñado por María Teresa en el partido llegó a ser vital. En 1976 no acudió a los actos de Montejurra, pese a encontrarse en Pamplona, para preservar su persona como futura líder del movimiento si sucedía algo a su hermano en una concentración que desde el día previo se consideró potencialmente peligrosa.

1968ko abenduan, erregimen frankistak Espainiatik kanporatu zituen borboi-parmatarrak, ordurako definiturik baitzuen oinordekotza-hautua. Kanporatze horrek karlismoan eraldaketa ideologikoa eragin zuen. 1970 eta 1971 artean, Alderdi Karlista sortu zen, Francoren erregimenari hortzak erakusten zizkion beste alderdi bat: programa politiko ezkertiarra zuen, sozialismoan, federalismoan eta autogestioan oinarrituta. Karlos Hugok bere arrebek egindako lan handiaren babesa zuen, zeinek areagotu egin baitzuten politikagintza-lana etapa berri hartan.

Zeziliaalderdiaren jarduerak koordinatzeaz ardurtu zen Parisko bulegoan. Maria das Neves testu politikoak zuzentzen aritu zen. Baina, zalantzarik gabe, Maria Teresa Borboikoa izan zen mugimendu berri horretako emakumerik garrantzitsuena. 1972az geroztik, hura arduratu zen alderdiaren kanpo-harremanez, eta hainbat bidaia egin zituen munduko liderrekin harremanetan jartzeko; besteak beste, Moskuko Bakearen Kongresuan izan zen 1973an, Dolores Ibarrurirekin batera. Liburu batean jaso zuen mugimendu berriaren ideologo eta printzipio demokratikoen defendatzaile sutsu gisa egindako lana. La clarificación ideológica del Partido Carlista izenarekin, Madrilen argitaratu zuen lan hura 1979an.

Berak kontatzen duenez, karlismoan egindako lana aitak Espainiarekin egindako betebehar baten emaitza izan zen.

Erabakigarria izan zen Maria Teresak Alderdi Karlistan izaniko eginkizuna. 1976an ez zen joan Jurramendiko ekitaldietara, nahiz eta Iruñean egon. Bere burua babestu nahi zuen mugimenduaren etorkizuneko lider gisa, baldin eta nebari zerbait gertatzen bazitzaion, aurreko egunetik arriskutsutzat jo zuten elkarretaratze hartan.

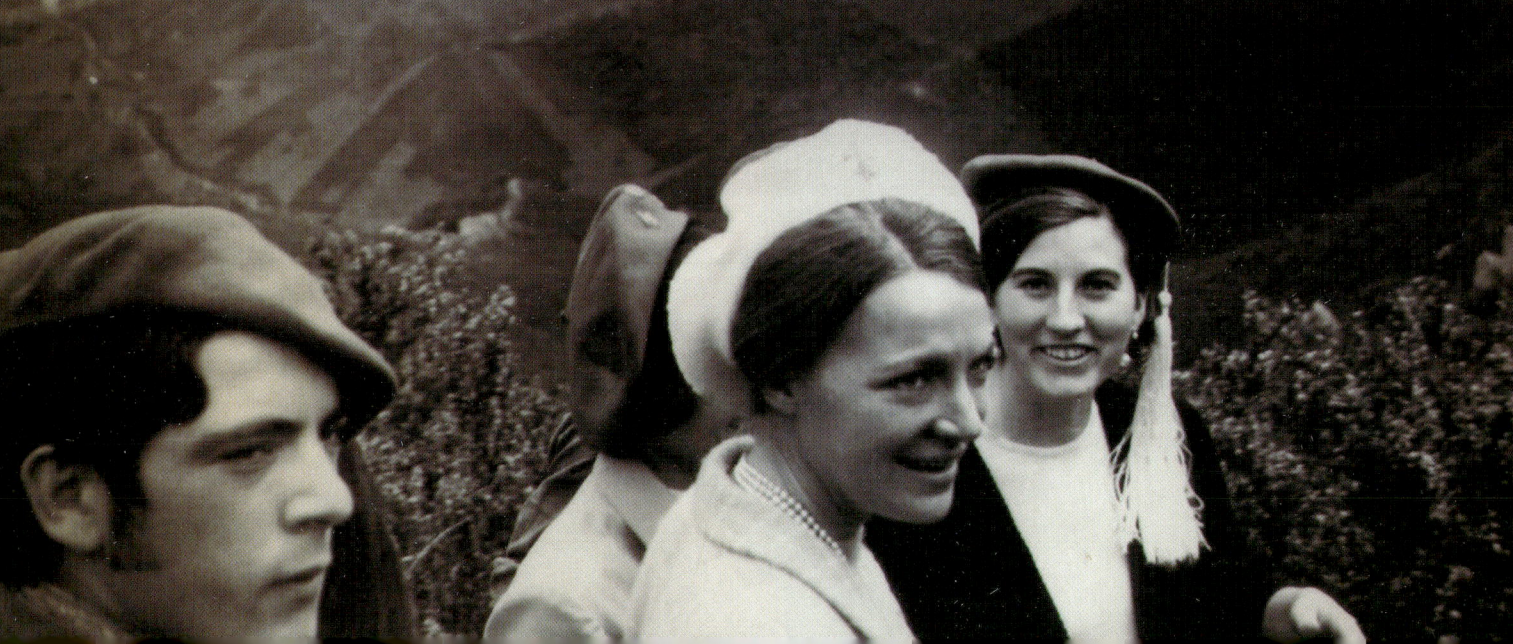

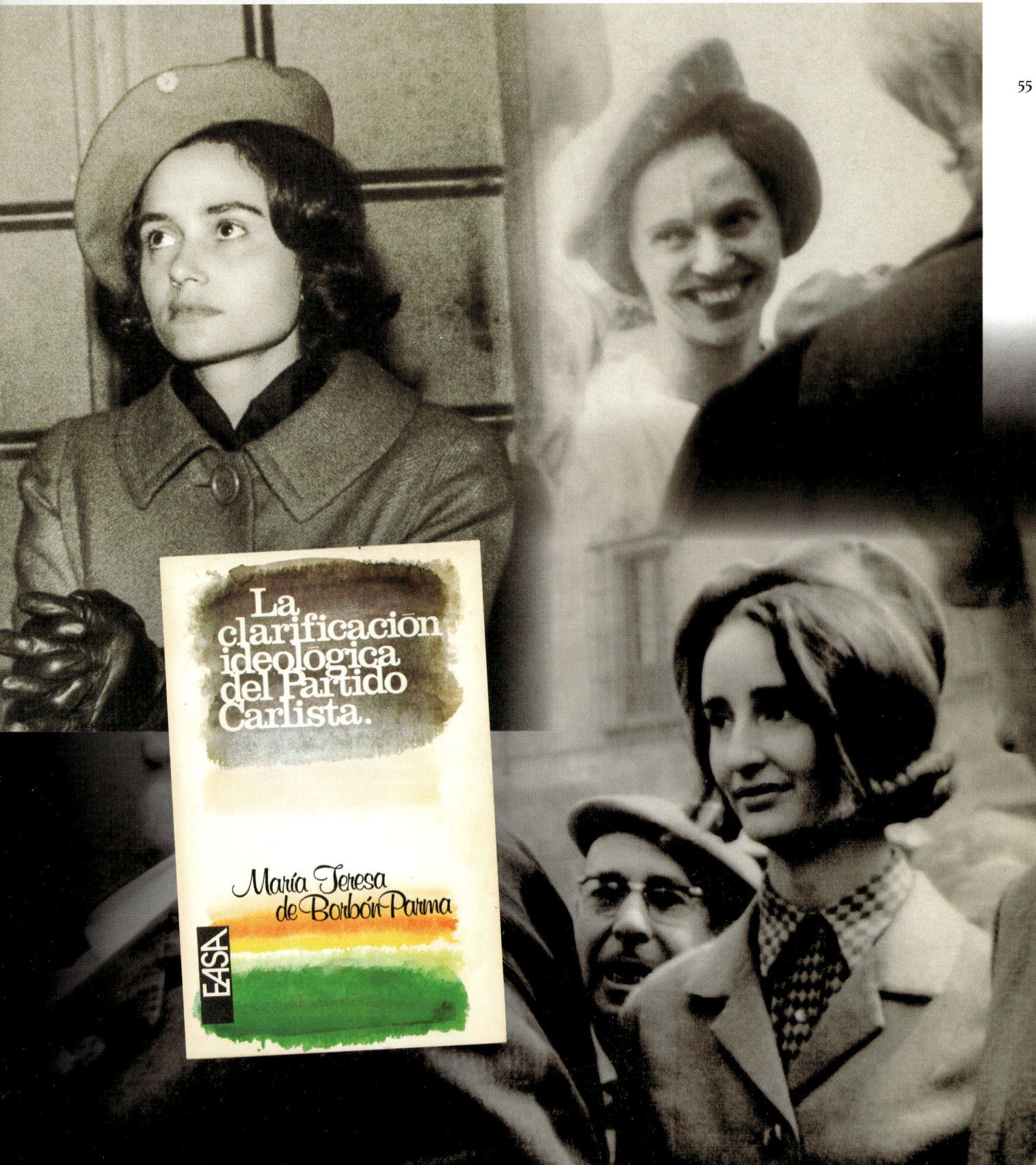

La clarificación ideológica del Partido Carlista.

María Teresa de Borbón-Parma

EASA

IO

El feminismo en el Partido Carlista

En 1964, Irene de Holanda contrajo matrimonio en Roma con Carlos Hugo de Borbón-Parma. La princesa, segunda en la línea sucesoria de los Países Bajos, renunció a sus derechos y a su religión, convirtiéndose al catolicismo, para embarcarse junto a su pareja en el proyecto carlista que podría conducirlos al trono de España.

Ese mismo año, la prensa carlista, más concretamente la revista *Montejurra*, comenzó a hacerse eco de la discriminación que sufrían las mujeres en España, pero no sería hasta 1971, coincidiendo con la creación del Partido Carlista, cuando se establecieron grupos de autoconcienciación. A comienzos de 1978, en el marco del IV congreso del Partido Carlista, se debatieron una serie de avances como la legalización del divorcio, planificación familiar, conciliación laboral, patria potestad compartida, separación de bienes o el matrimonio civil.

Un año más tarde, Irene de Holanda publicará su libro *La mujer y la sociedad*, donde abordará las funciones de la mujer como esposa, madre, ama de casa y ciudadana y las del marido en los mismos ámbitos, ofreciendo finalmente una propuesta para abordar estas funciones de forma conjunta.

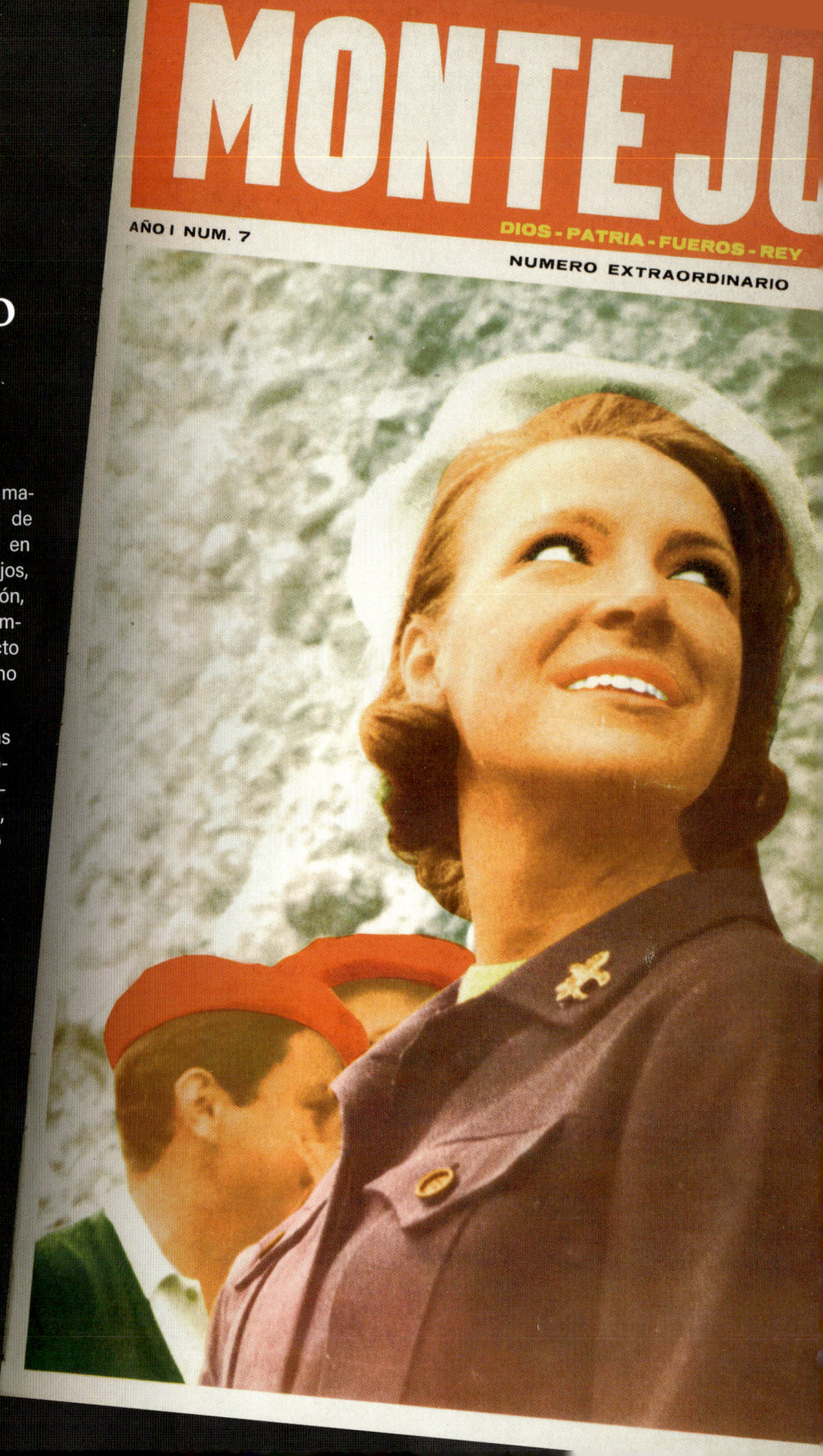

MONTEJU

AÑO I NUM. 7

DIOS - PATRIA - FUEROS - REY

NUMERO EXTRAORDINARIO

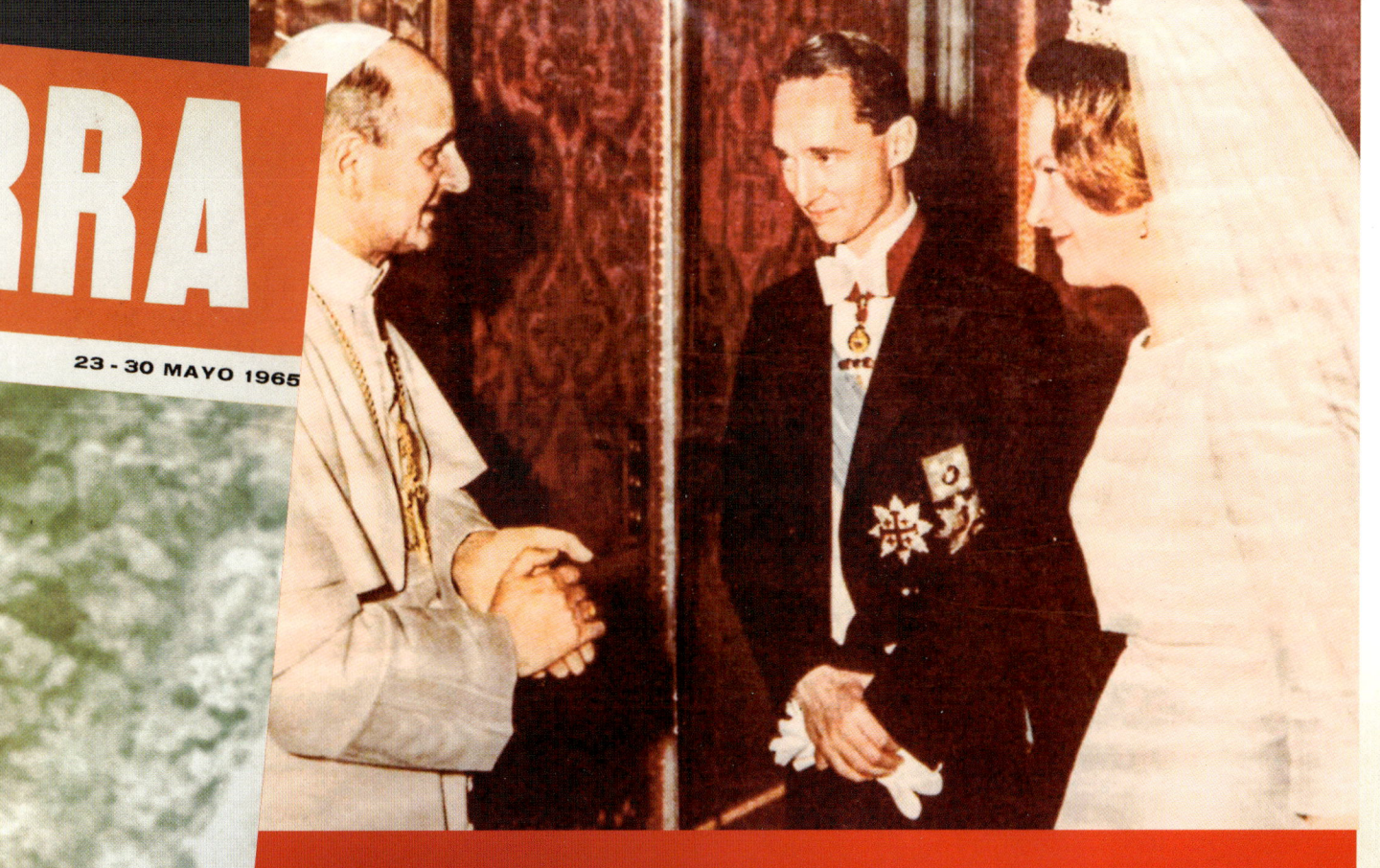

BRA

23 - 30 MAYO 1965

Feminismoa Karlista Alderdian

1964an, Irene Herbehereetakoa Karlos Hugo Borboi-Parmakoarekin ezkondu zen Erroman. Printzesa Herbehereetako oinordekotzan bigarrena zen, eta uko egin zien bere eskubideei eta erlijioari. Katolizismora bihurtu zen, eta bikotekideak eta biek proiektu karlistarekin bat egin zuten, zeinak Espainiako tronura eraman baitzitzakeen.

Urte hartan bertan, prentsa karlista —eta, zehazkiago, Montejurra aldizkaria— Espainian emakumeek jasaten zuten diskriminazioaren berri ematen hasi zen. Alabaina, 1971n ezarri zituzten autokontzientzia-taldeak, Karlista Alderdia sortu zen urte berean. 1978. urtearen hasieran, Karlista Alderdiaren IV. Kongresuaren esparruan, zenbait aurrerapen eztabaidatu zituzten, hala nola dibortzioa legeztatzea, familia-plangintza, lan-kontziliazioa, guraso-ahal partekatua, ondasunen banaketa edo ezkontza zibila.

Urtebete geroago, Irene Herbehereetakoak *La mujer y la sociedad* liburua argitaratu zuen. Han, emakumearen eginkizunak jorratzen ditu emazte, ama, etxekoandre eta herritar gisa, baita senarrarenak ere esparru horietan beraietan. Azkenik, proposamen bat egiten du funtzio horiek senaremazteen artean betetzeko.

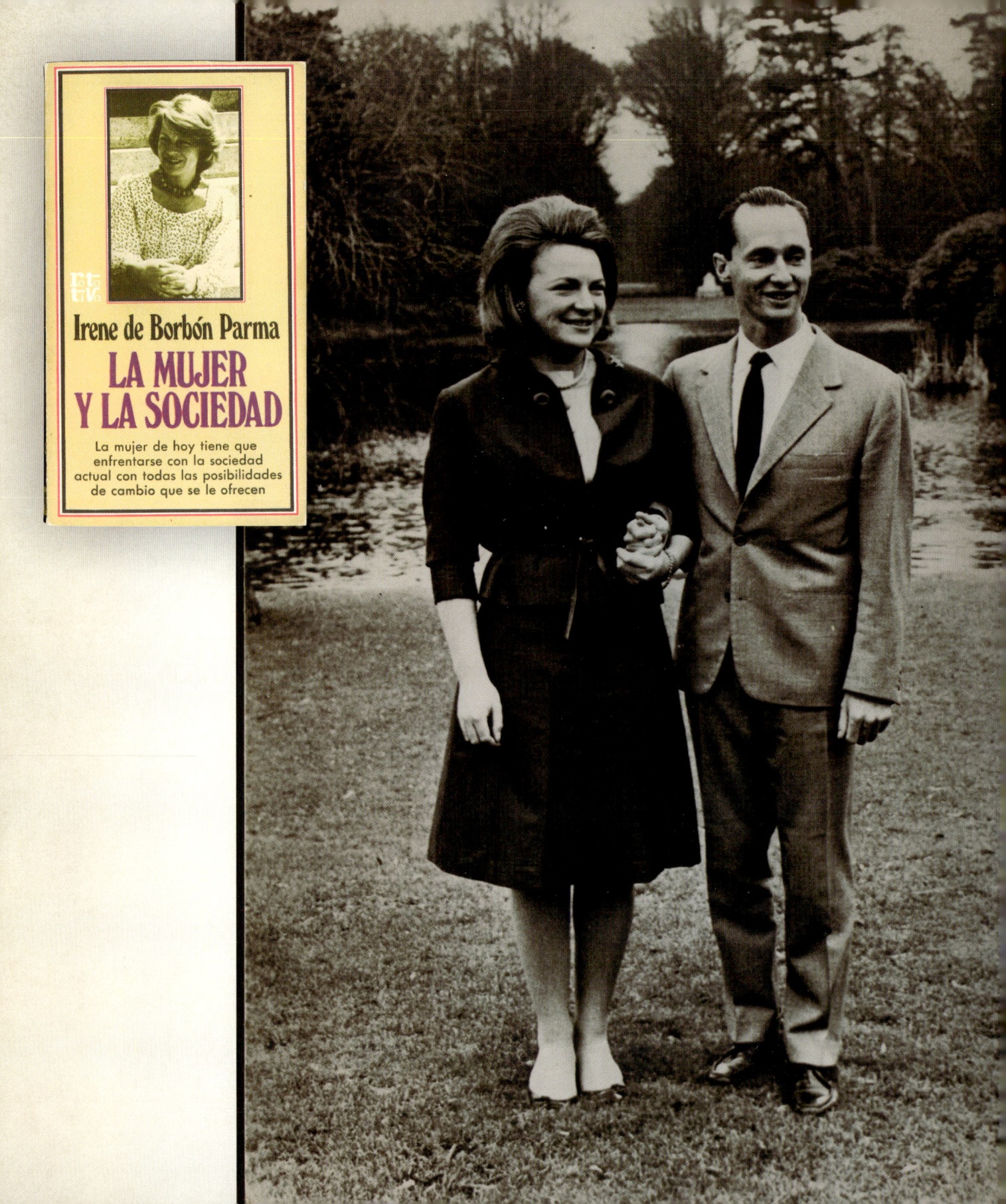

Irene de Borbón Parma

LA MUJER Y LA SOCIEDAD

La mujer de hoy tiene que enfrentarse con la sociedad actual con todas las posibilidades de cambio que se le ofrecen

Su concepción del feminismo puede resumirse en las conclusiones de la obra:

"La lucha de la liberación de la mujer pide una concienciación por parte de cada mujer para descondicionarse a través de discusiones con otras mujeres, intercambios de experiencias, dudas y esperanzas, en otras palabras, la formación personal entre mujeres.

Una vez adquirida esa concienciación personal, el segundo paso será, la incorporación dentro de grupos feministas, sindicatos, asociaciones de vecinos, partidos políticos, grupos ecologistas, etc., para participar de manera activa en la lucha del cambio de la sociedad, una lucha para alcanzar una forma de vida donde todos, hombres y mujeres sean simplemente personas humanas sin distinción de sexos, porque el cambio representa un bien fundamental para todos.

En otras palabras, hay que ligar las reivindicaciones de la mujer a la trasformación de la sociedad. Así liberación de la mujer será la liberación de todos.

La lucha de la liberación de la mujer, entendida de esta forma, es lo que debía ser el feminismo"

A mediados de los setenta, el Partido Carlista comenzará a incluir en sus listas electorales candidatas que en algunos casos alcanzarán puestos de representación política como Laura Pastor en Valencia o Vitori Salinas en el País Vasco.

Finalmente, debe indicarse que las investigadoras e investigadores del carlismo, al igual que en otros fenómenos históricos, no se han centrado prioritariamente en el estudio de la mujer. Esta situación ha cambiado en la última década en la que la concienciación social y el impulso de los estudios de género están ofreciendo un mayor conocimiento sobre esta temática que ha resultado beneficiosa en la creación de este itinerario.

Argitalpen horretako ondorioetan laburbil daiteke feminismoaz duen ikusmoldea:

"Emakumearen askapenaren aldeko borrokak emakume bakoitzaren kontzientziazioa eskatzen du, beste emakume batzuekin eztabaidatuz, esperientziak trukatuz, zalantzak eta itxaropenak trukatuz; hau da, emakumeen arteko prestakuntza pertsonalaren bidez.

Kontzientziazio pertsonal hori lortu ondotik, bigarren urratsa zera izanen da: talde feministetan, sindikatuetan, auzo-elkarteetan, alderdi politikoetan, talde ekologistetan eta abarretan sartzea, modu aktiboan parte hartzeko gizartea aldatzeko borrokan. Borroka horren bidez lortuko da gizon-emakume oro gizaki parekide bilakatzea, sexu-bereizkeriarik gabe; aldaketa funtsezko ondasuna baita guztiontzat.

Bestela esanda, emakumearen aldarrikapenak gizartearen eraldaketarekin lotu behar dira. Hala, emakumearen askapena gu guztion askapena izanen da.

Emakumearen askapenaren borroka izan beharko litzateke feminismoa, horrelaxe ulertuta".

Hirurogeita hamarreko hamarkadaren erdialdean, Karlista Alderdia emakumeak hautagai-zerrendetan sartzen hasiko da. Kasu batzuetan, lortuko dute ordezkaritza politikorik, hala nola Laura Pastorrek Valentzian edo Vitori Salinasek Euskadin.

Azkenik, adierazi behar da karlismoaren ikertzaileen ardatz nagusia ez dela izan emakumearen azterketa, beste fenomeno historiko batzuetan ere izan ez den bezalaxe. Alabaina, egoera hori aldatu egin da azken hamarkadan: kontzientzia sozialaren eta genero-ikasketak bultzatzearen poderioz, gero eta jakintza handiagoa ari da sortzen, zeina onuragarria izan baita ibilbide hau sortzeko ere.

VIDEO GUÍA / BIDEOGIDA

01

CREACIÓN Y TRANSMISIÓN DE PATRIMONIO CULTURAL
KULTURA-ONDAREA SORTU ETA TRANSMITITZEA

02

LA SUCESIÓN: ¿UNA CUESTIÓN DE GÉNERO?
ONDORENGOTZA: GENERO-KONTUA?

03

LAS GUERRAS DEL SIGLO XIX
XIX. MENDEKO GERRAK

04

DETERMINANTES EN LA TRANSMISIÓN DE LA LEGITIMIDAD DINÁSTICA
ERABAKIGARRIAK LEGITIMITATE DINASTIKOA TRANSMITITZEKO

05

UN MODELO PARA LA MUJER CARLISTA
EMAKUME KARLISTARENTZAKO EREDUA

06

EL MITO DE "DOÑA BLANCA"
"BLANCA ANDREAREN" MITOA

EL FEMINISMO EN EL PARTIDO CARLISTA
FEMINISMOA KARLISTA ALDERDIAN

11

PRINCESAS CARLISTAS PARA EL SIGLO XX
XX. MENDERAKO PRINTZESA KARLISTAK

10

LA SUPERVIVENCIA DEL CARLISMO EN EL HOGAR. LOS PRIMEROS AÑOS DEL FRANQUISMO
KARLISMOAK ETXEAN BIZIRAUTEA. FRANKISMOAREN LEHEN URTEAK

09

MUJERES CARLISTAS EN LA GUERRA CIVIL ESPAÑOLA
EMAKUME KARLISTAK ESPAINIAKO GERRA ZIBILEAN

08

MUJERES CARLISTAS EN LA ESFERA PÚBLICA
EMAKUME KARLISTAK ALOR PUBLIKOAN

07

BIBLIOGRAFÍA BÁSICA / BIBLIOGRAFIA

ARCE PINEDO, *Rebeca: Dios, Patria y Hogar. La construcción social de la mujer española por el catolicismo y las derechas en el primer tercio del siglo XX*, Santander, Universidad de Cantabria, 2008.

BRAGANZA Y BORBÓN, María de las Nieves, *Mis memorias sobre nuestra campaña en Cataluña en 1872 y 1873 y en el Centro en 1874*, Madrid, Espasa-Calpe, 1934-1938.

CARIDAD SALVAROR, Antonio, «Las mujeres durante la primera guerra carlista (1833-1840)», *Memoria y Civilización: anuario de historia*, 2011, n.º 14, pp. 175-199.

CASPISTEGUI GORASURRETA, Francisco Javier y PIEROLA NARVARTE, Gemma, «Entre la ideología y lo cotidiano: La familia en el carlismo y el tradicionalismo (1940-1975)», *Vasconia. Cuadernos de Historia - Geografía*, 1999, n.º 28, pp. 45-56.

CLEMENTE, Josep Carles, *La Princesa Roja, María Teresa de Borbón Parma*. Barcelona, Martínez Roca, 2002.

CRESTELO DOMÍNGUEZ, David, «Las milicianas urbanas de Plentzia: Primera Guerra Civil, 1832-1839. Las mujeres y el Liberalismo», en *Historia de Plentzia: dinámicas sociales, s. XVI-XIX*, Lankidetzan, 2011.

ESPARZA, José Javier, «Francisca Guarch: y la jovencita cogió su fusil», *Época*, 2011, n.º 1358, pp. 70-73.

GALVAO DE SOUSA, José Pedro, «La carta de la Princesa de Beira entre las fuentes para el conocimiento de la teoría del tradicional de la legitimidad del poder en España», *Fuego y Raya*, 2015, n.º 10, pp. 149-160.

GARCÍA RIOL, Daniel Jesús, «Las mujeres de un carlismo en transición», *Espacio, Tiempo y Forma. Serie V, Historia contemporánea*, 2016, n.º 28, pp. 257-281.

GOBIERNO DE NAVARRA, Servicio de Museos, *Reyes sin trono. Los pretendientes carlistas de 1833 a 1936*, Pamplona, Gobierno de Navarra, 2013.

GONZÁLEZ-ALLENDE, Iker, «¿Ángeles en la batalla?: representaciones de la enfermera en Champourcin y Urraca Pastor durante la guerra civil española», *Anales de la Literatura Española Contemporánea*, 2009, n.º 34, pp. 83-108.

LARRZ ANDÍA, Pablo y LEÓN SANZ, Pilar, «Organización de la asistencia médico-quirúrgica en Navarra a los combatientes en la Guerra Civil (1936-1939)», en Carmen ERRO GASCA e Iñigo MUGETA MORENO (coords.), *Grupos sociales en la historia de Navarra, relaciones y derechos: actas del V Congreso de Historia de Navarra*, Pamplona, 2002, vol. 1, pp. 377-384.

LIZARRAGA PÉREZ DE ZABALZA, Silvia, «María Beatriz de Austria-Este, escritora desconocida: aproximación bio-bibliográfica a su obra anónima», *Titivillus*, 2023, n.º 9, pp. 145-181.

MODESTINUS (IZAGA, Guillermo Anselmo) *La sucesión legítima de la monarquía de España según el pensamiento de la princesa de Beira*, Madrid, Imp. Martosa, 1935.

MORAL RONCAL, Antonio Manuel, «Aproximación al papel político de la princesa de Beira en el movimiento carlista», *Letras de Deusto*, 2000, vol. 30, n.º 89, pp. 71-96.

MORAL RONCAL, Antonio Manuel, «María Rosa Urraca Pastor. De la militancia en Acción Católica a la palestra política carlista (1900-1936)», *Historia y Política: Ideas, Procesos y Movimientos Sociales*, 2011, n.º 26, pp. 199-226.

MORAL RONCAL, Antonio Manuel, «Auge y caída de una líder carlista en el franquismo. María Rosa Urraca Pastor», *Aportes: Revista de historia contemporánea*, 2013, n.º 81, pp. 63-96.

MORAL RONCAL, Antonio Manuel, «Las carlistas en los años 30: ¿De ángeles del hogar a modernas amazonas?», *Revista Universitaria de Historia Militar,* 2018, vol. 7, n.º 1, pp. 61-80.

PEÑAS ARTERO, Julio Damián, «La organización de socorro a heridos y la sanidad en la Tercera Guerra Carlista», *Academus. Real Academia de la Historia de la Filatelia*, 2009, n.º 13, pp. 59-70.

PEREDA DE LA REGUERA, Manuel, *Carlos e Irene*. Santander, Instituto de la Información, 1964.

POLO Y PEIROLÓN, Manuel, *La madre de don Carlos*, Valencia, Tipografía Moderna, 1906.

ROMERO SAINZ, Miguel, *Doña Blanca, una reina sin corona bajo el carlismo*, Cuenca, Alderbán, 2010.

SAGRERA, Ana, *La duquesa de Madrid. Última reina de los carlistas*, Palma de Mallorca, Mossen Alcover, 1963.

SÁNCHEZ BLANCO, Laura, *Rosas y margaritas. Mujeres falangistas, tradicionalistas y de Acción Católica asesinadas en la Guerra Civil*, Madrid, Actas, 2016.

SENENT SANSEGUNDO, Juan Carlos, «Propuestas para la mujer a la izquierda del PCE en perspectiva comparada: la ORT y el Partido Carlista», *Mobilitzacions socials i esquerra radical: Actes del II Congrés Les altres protagonistes de la transició*, Barcelona, Universitat Autònoma de Barcelona, 2020, pp. 140-165.

SOLÉ ROMEO, Gloria, «Mujeres carlistas en la república y en la guerra (1931-39). Algunas notas para la historia de las "Margaritas" de Navarra», *Príncipe de Viana*, 1993, n.º 15, pp. 581-591.

SOLÉ ROMEO, Gloria y MARTORELL PÉREZ, Manuel, «Carmen Villanueva Unzu», *Mujeres que la historia no nombró*, Pamplona, Ayuntamiento de Pamplona, 2005, pp. 236-242.

SOLÉ ROMEO, Gloria y MARTORELL PÉREZ, Manuel, «Lola Baleztena Ascárate», *Mujeres que la historia no nombró*, Pamplona, Ayuntamiento de Pamplona, 2005, pp. 229-235.

WILHELMSEN, Alexandra, «Maria Teresa of Braganza: Portuguese Princess of Beira, Spanish Infanta, Wife of the Pretender Carlos V», *Mediterranean Studies*, Penn State University Press, 1996, vol. 6, pp. 79-106.

WILHELMSEN, Alexandra, «María Beatrice di Austria-Este Savoia y la formación intelectual de su hijo mayor, el pretendiente Carlos VII», *Aportes: Revista de historia contemporánea*, 1998, n.º 36, pp. 69-86.

WILHELMSEN, Alexandra, «María Teresa de Braganza Borbón: una infanta valiente del siglo XIX», *Aportes: Revista de historia contemporánea*, 2021, n.º 105, pp. 7-107.